居住福祉研究⑲　強制移住・強制立ち退きⅡ

巻頭言　居住福祉士制度の設立を！	早川和男	3
■特集：強制移住・強制立ち退きⅡ		
原発避難と復興政策の狭間にゆれる被災者の生活問題	尾崎寛直	5
阪神・淡路大震災20年	中島絢子	15
民間借地借家問題の現状と強制明渡し	細谷紫朗	24
都営住宅の今―問題と運動	渡辺紀子	29
公団住宅つぶしの新たな閣議決定	多和田栄治	36
公社住宅の建替え問題と定期借家制度	新出正治	48
■論　文		
居住福祉資源の個別性について	水月昭道	57
■居住福祉評論		
憲法第25条(生存権)と居住の権利	大本圭野	72
■海外情報		
岐路に立つ韓国の賃貸借制度・チョンセ制度	ジュディ・パク　翻訳・解説 高島一夫	84
■学会活動		
兵庫県高砂市で「入浜権宣言40周年記念集会」	神野武美	90
■居住福祉の本棚		
早川和男著『居住福祉社会へ―「老い」から住まいを考える』	島本慈子・藤井清・谷内香子	92
高尾茂子著『保健師―地域の健康をつむぐそのはたらきと能力形成』	三村浩史	97

『居住福祉研究』編集規程	98	『居住福祉研究』投稿規程	99
『居住福祉研究』執筆要領	100	日本居住福祉学会刊行物一覧	101
2014年度日本居住福祉学会運営体制	102	編集後記	103

日本居住福祉学会のご案内

〔趣　旨〕

　人はすべてこの地球上で生きています。安心できる「居住」は生存・生活・福祉の基礎であり、基本的人権です。私たちの住む住居、居住地、地域、都市、農村漁村、国土などの居住環境そのものが、人々の安全で安心して生き、暮らす基盤に他なりません。

　本学会は、「健康・福祉・文化環境」として子孫に受け継がれていく「居住福祉社会」の実現に必要な諸条件を、研究者、専門家、市民、行政、企業等がともに調査研究し、これに資することを目的とします。

〔活動方針〕

(1) 居住の現実から「住むこと」の意義を調査研究します。
(2) 社会における様々な居住をめぐる問題の実態や「居住の権利」「居住福祉」実現に努力する地域を現地に訪ね、住民との交流を通じて、人権、生活、福祉、健康、発達、文化、社会環境等としての居住の条件とそれを可能にする居住福祉政策、まちづくりの実践等について調査研究します。
(3) 国際的な居住福祉に関わる制度、政策、国民的取り組み等を調査研究し、連携します。
(4) 居住福祉にかかわる諸課題の解決に向け、調査研究の成果を行政改革や政策研究に反映させるように努めます。

―――――― **日本居住福祉学会　事務局・入会申込先** ――――――

〒558-8585　大阪市住吉区杉本3-3-138
　　　　　　大阪市立大学大学院生活科学研究科
　　　　　　野村恭代気付
　　　　　　Tel 06-6605-2913　　Fax 06-6605-3086
　　　　　　E-mail: nomura@life.osaka-cu.ac.jp
　　　　　　　http://www.geocities.jp/housingwellbeing/
　　　　　　郵便振替口座：00820-3-61783
〔年会費〕正会員 5,000 円、学生会員 3,000 円、法人会員 10,000 円、賛助会員（1 口）50,000 円

巻頭言

居住福祉士制度の創設を！

早川和男（神戸大学名誉教授）

　私は以前から国家資格としての「居住福祉士」制度の創設を設けるべきだと主張してきたが、いよいよその時期が来たと考える。

　その理由の第一は、全国での相次ぐ各種災害のもとで、様々な性格と形態の居住地を安全な姿に変える多面的な知識と能力を有する専門家が必要になっていること。第二は、高齢者の多くが望む在宅で住み続けられる、住宅・介護・福祉施設・ケア体制などの整備された「居住福祉条件」の整った居住地に変えるのに必要な専門知識を有すること。

　第三に、空き家が増え、その改造と有用な活用が必要になっていること。その際、政府・自治体による土地の借り上げ、家屋の取り壊し・修復などの適切な改善によって、大きな費用なしに公的社会的性格の住宅供給をなし得ること。高齢化した地主・家主から土地住宅を借り上げることで管理の負担を減らし、収入にもなること。第四に、例えばその資格を持ちながら看護師本来の職に従事していない人が50数万人いる、その人たちに、右の住宅・居住地の改造計画、マンションの入居者の生活相談などにのってもらう。

　フランスでは、社会保健師と名のつく専門職が自治体や病院に勤めていて、退院後の療養やリハビリがうまくいくかどうか、また育児環境として適切かどうかの視点から住宅を点検し、改造計画に携わっているのを知って感心した。

　その他、居住福祉の領域としては、医学、看護学、老年学、社会福祉、地域福祉、環境・コミュニティ形成、保育、防災、居住政策、土地利用、建築・土木、町並み保存、不動産学、司法書士、その他の広域な基礎知識が必要とされよう。

　私は、こうした専門分野の一つでも習得した人たちが、大学や専門学校の「居住福祉コース」で学び、新たな知識を習得し、国家資格をとり、自治体や民間企業で働く日の来ることを考えている。住環境コーディネータ等の資格も生かされよう。

　既存の大学、専門学校の修士コース、あるいは居住福祉の単科大学としてできないか。これからの社会はとりわけ企画力、総合力が必要で、そういう能力を養う場が必要である。居住地を安全で住み易くするには、欠かせない専門分野だと思う。

2015年度　日本居住福祉学会大会

開催日程：2015年5月23日(土)〜24日(日)
開催場所：東北工業大学
〒980-0811　仙台市青葉区一番町1丁目3番1号MTビル
　　　　　(旧ニッセイ仙台ビル)4階　TEL 022-723-0538

5月23日(土) 13:00〜18:00　プログラム
1. 2015年度総会(居住福祉賞授与式、その他)
2. シンポジウム『震災復興と居住支援』
    (1) あすと長町自治会長・飯塚正弘氏(仮設住宅自治会)
    (2) 公益社団法人「全国賃貸住宅経営者管理協会連合会」宮城県支部・本田勝祥氏(みなし仮設住宅について)
    (3) NPO法人みやぎ「こうでねいと」齋藤宏直氏(空き家について)
3. 研究発表会

5月24日(日) 9:00〜15:00　現地視察
みやぎ「こうでねいと」セイフティーアパート→あすと長町→閖上地区(各自で昼食)→荒浜地区→解散(仙台駅)

第13回(2015年度)日中韓会議の予告

　2015年度日中韓居住問題国際会議は下記のように決定しました。詳細は決定次第お知らせします。

開催時期：2015年10月28日〜31日　開催場所：大韓民国仁川市
主題：都市再生の政策と技法
サブテーマ：
　1. 緑色低炭素都市の造成
　2. 旧都市の再生手法：都市の伝統と歴史保存による都市再生と元住民の定着
　3. "スマートシティの課題"

特集：強制移住・強制立ち退き II

原発避難と復興政策の狭間にゆれる被災者の生活問題

尾崎寛直（東京経済大学）

I　避難指示の解除と避難の「自由」

　東日本大震災の発生から4年が経過したが、東京電力福島第一原子力発電所事故（以下、原発事故）はいまだ他に類例のない規模で甚大な被害と汚染の蓄積をもたらし続けている。今日なお12万人超の人々が、福島県内外で古里を離れた避難生活（県内約8万人、県外約4万人）を選択せざるをえない状況にある。そうした現実の一方で、政府・原子力災害対策本部は、「復興の加速化」方針（2013年12月）に基づき、空間線量が一定程度下がり、一度除染を実施した旧・避難指示区域へは住民の早期帰還（原住地への再定住）を促すための復興政策を進めてきた。これは避難指示解除、そして賠償打ち切りとも連動しており、放射能や生活の不安等の理由で避難を続けながらも経済的手段に乏しい世帯にとっては、いわば「兵糧攻め」のような帰還圧力となる。さらにここに、避難の生活基盤となる応急仮設住宅（プレハブ型、みなし型）の無償提供の打ち切りが加われば、事実上「追い出し」に近いかたちでの帰還を強いられる事態が現実になりつつある[1]。

　こうしたなか、福島第一原発20km圏内の旧・警戒区域であっても、2012年4月以降、避難指示解除準備区域に再編された地域では2014年4月から順次、避難指示が完全に解除されてきている（田村市都路地区、川内村第8行政区など）。そこから先の、戻る／戻らないは住民の「自由」選択である（ただし避難慰謝料などの賠償はおおむね1年後をめどに支給停止されるため、自由の保障はきわめて消極的である）。そうした避難（居住選択）の「自由」に関して、すでに避難指示が解除された原発20～30km圏内の旧・緊急時避難準備区域に位置する自治体においては、早々に帰還して古里の復興を願う人と避難を続ける人の間で静かな確執さえ生まれている。「復興の不均等性」[2]を生むこの問題を解きほぐすのは存外容易ではない。

そのためには、まずは避難の継続を選択している人たちがどのような状況にあるのか、いかなるニーズを抱えているのかを考える必要があるだろう。その問題をクリアせずに帰還を強制しても何の解決にもならないからである。そこで以下、本稿では原発事故避難者の健康・福祉問題から復興の課題を検討する。

II 避難を継続する選択の背景

(1) アンケートからみえる住民の意向

原発から30km圏の円内にほぼ収まる福島県双葉郡川内村は、原発事故後に緊急時避難準備区域の指定を受けて全村民の避難指示を行ったが、2011年9月には村の大半の地区で同区域指定が解除されたため、村長は2012年1月に早々と「帰村宣言」を行い、役場や学校・保育園、村営診療所等を再開した。事故前の総人口3033人（2010年国勢調査。現在の人口は約2700人）のうち、現在、郵便の受け取りを川内村の住所にしている人を「村内生活者」とみる村の定義によれば、1543人が帰村者（56％）となる。ただし、応急仮設住宅を返却して生活の拠点を村に戻した「完全帰村者」は516人（約20％）とされている（『福島民友』2014年10月19日付）。一旦村外へ避難した住民の多くが現在なお村への帰還を躊躇していることがわかる。

川内村と同様に旧・緊急時避難準備区域であった近隣の双葉郡広野町においても、町長が2012年3月に帰還宣言を行ったのち、現在なお完全に帰還したのは3割の住民に留まっている（町内生活者を入れれば5割）。広野町の場合は、帰還住民の数よりも原発事故収束に関わる作業員の数の方が上回っている。何が原住地への帰還を躊躇する要因になっているのか。

広野町は第二次復興計画を策定するために、町民意向調査アンケートを実施した（2013年12月、2195世帯に送付し回収率は39.9％）。これによれば、回答者の偏りはあるものの（50代以上の回答者が73.3％）、現在町外に避難生活を続けている人の62.8％が町へ「戻る」との意思を示している（「戻らない」が10.0％、「分からない」が27.2％）。アンケートでは、「戻る」と回答した人に帰還の判断材料としてもっとも重視するものは何かと尋ねたところ、「医療や福祉、買い物など日常生活に関するサービスの復旧」（27.6％）、「仮設住宅や借り上げ住宅の入居期限の終了」（22.4％）、「原発の状況が安定すること」（20.9％）、「放射線の影響の不安が払拭されること」（10.8％）などという回答が続いた。回答者の属性を考えれ

ば、とくに高齢者層にとって医療体制や福祉施設等の復旧が帰還のもっとも重要な条件となっていることがわかる。また、第二位の回答は応急仮設住宅の提供期限を避難の終了と考えるきわめて消極的な帰還であり、後述するように問題をはらんでいる可能性がある。

そして「戻らない」と回答した人にその理由を尋ねたところ、「原発の状況が不安だから」(27.3％)、「子どもの就学環境を優先したい」(20.0％)、「医療や買い物などの利便性」(16.4％)、「放射線の影響が不安」(14.5％)などと続き、原発事故の収束がみえないことや除染の効果を不安視する人びとの意識が垣間みえる。子育て世代にとっては、4年間すでに都市部の学校で定着した子どもを、無理に児童数が減ってしまった古里の学校に戻すのは合理的ではないという考えもあるのかもしれない。

関連して、福島県が2014年1～2月に初めて避難者(6万2812世帯)を対象に行った意向調査(回答率35.3％)によれば、原住地に「戻らない」と回答した人に理由を尋ねたところ(複数回答)、「原発事故の今後について不安が残るため」(59.3％)、「避難元に戻っても、健康(放射線の影響)に不安があるため」(55.4％)、「避難元に戻っても、子どもの健康(放射線の影響)に不安があるため」(46.2％)など、放射能の不安を帰還しない理由に挙げる人が多い。このような回答は子育て世代に多いものの、高齢世代でもその理由を挙げる人は少なくない。

(2) 応急仮設住宅と世帯分離の影響

日本の災害救助制度では、個人住宅の復興は自助努力が原則で公的支援はきわめて乏しく、その代わりに行われているのが応急仮設住宅の建設といえる。もっとも東日本大震災のように住家を追われた被災者が膨大な場合は用地取得などの問題で戸数整備が間に合わず、民間の賃貸住宅(アパート・貸家等)を県が借り上げたかたちで提供する「みなし仮設」の対応も取られた。実際、福島県内の応急仮設住宅でいえば、プレハブ仮設には2万4437人、みなし仮設には4万1862人が居住している(福島県災害対策本部。2014年12月26日現在)。このように居住形態が分かれた理由として、主に高齢者は住民同士のつながりを重視して集団で移転したプレハブ仮設への入居を選択した割合が多い一方、若年世代は職場への距離や子育ての利便性、あるいは生活スタイルに応じた間取り等を考慮して都市部を中心としたみなし仮設への入居を選択した割合が多い

のではないか、ということが住民からよく語られる。逆に、2DKを基本とするプレハブ仮設では物理的に多世代同居が難しいため、3LDK程度の民間賃貸住宅(みなし仮設)を選択して一家同居をしている世帯もないわけではない。いずれにしても、応急仮設住宅への入居を契機に高齢世代と若年世代の世帯分離が進み、(人口が減少しても)世帯数が増加するという現象が多くの被災自治体であらわれている。

実際、上述の福島県避難者意向調査においても、事故前には同居していた家族のうち、今なお「世帯でまとまって1カ所に暮らしている」(元々の一人暮らしも含む)と回答した人は避難指示区域の世帯で44.0％、区域外の世帯で48.2％にすぎず、大半の家族が事故後分散して居住することになったことがわかる。

こうした避難にともなう居住の分離は、高齢者世帯の帰還意欲にも影響を与えているのではないかと推察される。つまり、居住は分離したとしても、プレハブ仮設の多くは郡山市やいわき市など周辺都市部に建設されており、同じ都市部のみなし仮設などに子ども世代も住んでいる場合が多いため、結果的にこれまでと同様身近に孫と会えたり、子ども世代が病院等への送迎や世話を焼いてくれたりといった距離感が保てるのである。子ども世代との距離感は高齢者にとって安心のバロメーターだと考えられるが、仮に子ども世代が放射能の不安などの理由から「戻らない」という選択をした場合、自分たち高齢者世帯だけが帰還することに大きな不安を覚えるのは自然なことだろう。

また、川内村などの帰村者の動向をみても、子育て世代とも重なる30～50代の帰還率が低いことが特徴であり、家族内で介護を担うことの多かったと思われる年齢層が避難したままの状態であることの影響は小さくない。次節で述べるように、避難の長期化にともなって要介護状態になる高齢者が急激に増えており、そうした高齢者層にとって、従来地域や家族の介護力に頼り社会的な介護サービス体制が十分整備されていなかった村・町に帰還するのは容易なことではない。

III 避難の長期化にともなう心身の健康悪化

(1)災害関連死の多発

そもそも災害避難は、日常的に医療あるいは福祉的ケアを受けている高齢者等の要援護者にとって、過酷極まりないものである。原発の爆発で緊急一斉

避難を強いられた双葉郡の浜通り沿岸部の7つの病院および介護老人保健施設で、2011年3月末までの死亡者数が少なくとも60人に上った[3]ことからも明らかなように、避難の過程での環境の激変が死につながることもある。

　このような避難にともなう移送時の負荷、避難先での医療設備等の不足や環境悪化などに起因して死亡した人に対しては、災害弔慰金法(1973年)に基づく「関連死」として認定し、災害そのものによる「直接死」と同じように弔慰金を支給する運用がなされている。その運用が初めて認められたのは阪神・淡路大震災(1995年1月)のときであるが、災害弔慰金法には関連死の明確な定義は記載されておらず統一の基準がないため、具体的には各市町村(または都道府県)の災害弔慰金支給審査会において個別ケースに基づき判断されることになっている。東日本大震災では、関連死と疑われる死亡のケースが震災直後より多発したため、国は2011年4月30日付で、災害弔慰金制度における関連死の取り扱いについて「長岡基準」を各被災自治体に「情報提供」として通知し、事実上それに沿った対応を促した。

　ところが、福島県では、すでに関連死の数(1793人)が震災による直接死(主に津波による溺死)の数(1603人)を上回るという事態が発生している(復興庁発表、2014年9月末時点)。もっともこの数は関連死として県または市町村の審査会で認定された人の数にすぎないので、実際には遺族が申請していないものや因果関係が自覚されていないケース、あるいは自殺など、裾野の広がりが相当程度あると思われる。

　表1は被災三県における関連死の比較であるが、岩手県、宮城県では「長岡基準」[4]の上限でもある発災後6ヶ月前後で急激に認定数が減少しているものの、福島県ではその後も100人規模で増加しつづけている実態を示している。発災後まもなくの関連死の状況は、福島県も他の自治体と同様であるが、明らかな違いは、福島県では6ヶ月以上1年以内の時期に認定数の最大値があることだ。これは何を示すのだろうか。

　少なくともいえることは、原子力災害は従来の自然災害と比べても、はるかに長期にわたって被災者の肉体的・精神的健康を蝕む可能性が高いということであろう。福島県内で原発事故が原因とみられる自殺者が、内閣府が統計をとりはじめた2011年6月〜2014年7月までの累計で56人にのぼり、10人(2011年)、13人(2012年)、23人(2013年)と年々増加傾向にあることもその可能性を裏付け

表1 東日本大震災における関連死の死者数の推移

都道府県	合計	1週間以内	1ヶ月以内	3ヶ月以内	6ヶ月以内	1年以内	1年半以内	2年以内	2年以降
岩手県	446	93	120	116	59	36	14	5	3
宮城県	900	232	332	212	77	28	8	5	6
福島県	1793	111	256	333	315	349	189	129	111

注：死者数は、復興庁が各自治体から聞き取り、2014年9月30日までに把握できた数。
　なお、1週間以内とは、発災後〜2011年3月18日までを指す。また、1ヶ月以内とは、2011年3月19日〜2011年4月11日を指す。以下同様。
出所：復興庁「東日本大震災における震災関連死の死者数」(2014年12月26日発表)より作成。

る1つの事実である(ただし県外避難者の自殺は除く。同時期に岩手県は30人、宮城県は37人)。放射能汚染の影響が長期にわたるため、被災から立ち直るための"再スタート"すら切れないまま、日々放射能を気にしながらの先の見えない生活が連続している。そのことが他の災害に類例のないほど長期の肉体的・精神的疲労を招き、被災者の体調を悪化させているといえるのではないだろうか。

ただし、こうした健康悪化は被災者を一律に襲うわけではない。とりわけ関連死については、認定された人の9割が66歳以上であり、高齢者が被災の影響をもっとも受けやすい層であることが鮮明になっている。

(2)高齢者の介護需要の増大

さらに、長期避難にともなう高齢者の健康影響として福島県内に顕著なこととして注目すべきなのが、要介護高齢者の増加である。2014年2月に共同通信社が被災三県の被災自治体に行ったアンケートによれば、震災前の2010年3月末と比較して、2014年1月末時点で福島県では要介護認定者数が平均で26％増となっており、岩手・宮城のそれと比べてもかなり高い値となっている(表2)。全国的にみればこの間の要介護認定数の変化は、485万人から580万人へと19％強の伸び(厚生労働省『介護保険事業状況報告』)であるから、福島県は大きく上回っていることがわかる。

より詳細にみれば、大熊町で同期間62％増、双葉町、浪江町、飯舘村でも50％を超える増加率とされており、とりわけ避難指示区域の自治体における増加率が福島県全体の数字を押し上げているとみて間違いなさそうである(川内村、広野町の増加率はともに約30％)。その要因として考えられることを2点挙げると

表2　被災42市町村の要介護認定者数(2014年1月末現在)

県(被災自治体数)	要介護認定者数	2010年3月末比の増加率
岩手(12)	16,578人	11%
宮城(15)	69,945人	22%
福島(15)	31,969人	26%

出所:『中日新聞』2014年3月5日付(共同通信社アンケートによる)より作成。

すれば、①先がみえない長期避難による肉体的・精神的疲労と体調悪化(認知症の発症も含む)、②生業を喪失したことによる閉じこもり(運動不足)であろう。

②の面で代表的なのが、何がしかの農作業で日常的に体を動かし、近所との交流のなかで食糧自給的な暮らしの営みを続けていた生活モデルを失ったことによる弊害である。生きがいでもあった田・畑仕事やそれを通じた人びととの交流などの楽しみを奪われたことで、外に出て活動する機会や意欲も減退する。筆者らが2011年後半から2012年にかけて行った聞き取り調査でも、高齢者の以下のような発言が多く聞かれた。

　「毎日夕飯にビールを飲んで、自分のつくった米を娘や孫に食べさせる、それがよかった。つくった野菜を食べる、それができた。渓流釣りだけれども、たまに釣りに行って気分転換になった。今は何もやることがなくて辛い」(60代男性、浪江町)。
　「今までは平々凡々としていたけど、心配することがなかった。今はやることがない。朝晩に犬の散歩をするくらい。3kgくらい太った」(70代女性、大熊町)。

①の面では、応急仮設住宅での生活のストレスも増悪要因だといえる。とくにプレハブ仮設は、被災高齢者らが従来住んでいた浜通りの住宅と比べても著しく狭く、それだけでも日常の動作範囲は狭まってしまう。そして隣家とも薄壁一枚で接しており、日常の物音にも敏感にならざるをえない。こうした生活はそれまで経験がなかったという人たちが多い。これらのことから生活不活発病と運動機能低下の悪循環に陥り、日常生活動作(ADL)の低下や認知症などを招き、要介護状態になる可能性が高まっているのではないかと推察される。

要介護状態となれば、拠点となる中核病院や介護施設、ヘルパー事業所等が

復旧していない町村に戻ることはますます難しくなり、医療機関・介護施設等に近接している都市部の避難先から離れることは逆の生活不安を招くことになる。医療提供体制の再整備・拡充、福祉施設の復旧・復興は、原住地への帰還を考えるうえできわめて切実な課題である。

Ⅳ　生活困窮に陥る高齢者層と帰還圧力

　田村市都路地区の旧・緊急時避難準備区域の住民約100世帯、340人が東電と国に慰謝料など計約37億円(一人あたり1100万円)を求めて集団提訴することが報じられたが(『福島民友』2015年1月23日付)、川内村や広野町も同様に避難慰謝料(一人月額10万円)が2012年8月をもって打ち切られているため、避難を続けている住民、とくに限られた年金収入だけで暮らす高齢者[5]を中心に生活困窮者が増加しているという指摘がある。生活保護を希望する高齢者も出ている。

　川内村が設置する「郡山市南1丁目仮設住宅団地」に本拠を置き、主に仮設住宅や村の高齢者の生活支援を行っているNPO法人代表・Sさんの言葉を借りれば、「働けない高齢者はもはや被災者じゃなくて『難民』になっている」のだという。NPOでは、仮設住宅内で生活困窮に陥っている高齢者を支援するため、個人や企業に物品の提供等の協力を募り、定期的に高齢者らに「配給」を行っている。Sさんによれば、最初は試行的に実施してみたものの、援助物資(米やリサイクル品等)の「配給」に多くの高齢者が殺到するなど相当なニーズがあり、なかなか止めづらく終わりの見えない状況にあるという。なぜ、こうした生活困窮世帯が増えてしまったのか。

　その理由として、まず原発事故前までの彼らの生活は、野菜や米はほとんど自給あるいは近所との物々交換で充足し、山の伏流水である水道も無料という豊かな自然に支えられており、わずかな年金でも何とか生活が成り立っていたという事情がある。ところが、都市部の避難先での生活は、完全な消費生活に転化し、食料品から日用品まであらゆるものを購入しなければ成り立たないというスタイルになっている。賠償が切られて2年以上経った今、就労所得のない高齢者にとって、たとえ仮設住宅は無償提供であっても、限られた年金で食料・生活物品費や水光熱費等をまかなうのは限界に来つつある。(その意味でも前述のように、無償提供の打ち切りが加われば否応なく帰還を強いられることになろう。)

このように困窮している高齢者に対して、「わざわざ金のかかる都会で暮らさず村(町)に戻って暮らせばいいじゃないか」というような帰還圧力が高まっている。実際そうした本音を述べる帰還住民の声は筆者らのヒアリングのなかでも聞かれた。では古里へ帰還すれば、簡単に問題は解決するのだろうか。

　単純にはいかないのは、まず限られた年金生活をカバーしていた自給自足に近い生活スタイルの再開である。川内村をはじめとして営農を再開した農家はいるものの、山林の除染がほとんど手つかずのため、今後も放射能汚染の不安が続くことで営農再開に二の足を踏む人が多い。風評被害のためにいまだに「福島産」の農産物は価格低落から回復せず、収入的にも見込みが薄い。また、とくに高齢者にとって自分の作った作物を子や孫に食べさせることが大きな喜びであったが、「孫に送っても親が食べさせようとしない」ので「作ってもしかたがない」という声がよく聞かれる。このように営農のインセンティブが奪われたままなのである。

　さらに、前述のように子ども世代との距離が離れることや介護に不安を覚える高齢者層に対して、無理に帰還を促しても、自宅での自立生活が困難になったり、不幸な孤独死が続出するようであれば何の解決にもならない。

V　おわりに──避難と復興のジレンマによせて

　以上述べてきたように、現在避難者らは、避難(居住選択)の「自由」に関して、厳しい現実のなかできわめて消極的な選択をせざるをえない状況に追い込まれつつある。国の復興政策は、(当分の間線量がきわめて高い)帰還困難区域を除けば、旧・避難指示地域においてはもはや帰還を前提とした政策一色に染められてきている。復興交付金や「福島再生加速化交付金」などの使途をみても、方向性は完全に固められている。その政策にのるか／のらないかが問われ、のらなければ恩恵も得られないのであろう。

　現に帰還の名乗りを上げた自治体には、それを後押しするがごとく、かつてない規模の公共事業が投下されてインフラの復旧あるいは新設が行われつつある。川内村においても、村当局は現在、買い物に便利なスーパーなどのインフラ整備を急ピッチで進め、さらに2015年8月には80床の特別養護老人ホームをオープンさせるという。ただ、施設設置基準に見合う介護職員および看護師が十分確保できるのか、要支援・要介護1〜2程度の高齢者の介護支援はどう

するのかなど課題は多い。

　少なくとも今後の施策の基礎に据えて考えなければならないことは、なぜこれほど多くの人びとが避難指示解除後数年経っても戻ることができなかったのかという事実の裏側にある事情である。本稿で述べてきたように、それはいうまでもなく単に各種インフラなどハードの整備で済むわけではなく、今日の状況をふまえた家族や地域、コミュニティの基盤の再構築を念頭に取り組まなければならない課題である。また、「復興集中期間(2015年度まで)」のように時期で区切れるものでもないし、期限に追い立てられて行うものでもないはずである。古里の復興を考えれば、「幸せな帰郷」(広野町・遠藤町長の弁)こそが望ましい。そのためにはなおいっそう避難者らの声にも耳を傾けてみたい。

注

1　すでに本誌17号(2014年5月)古部論文では、県外避難者に対する公営住宅等の無償提供について、関西各県の複数の自治体において、入居期限を設けたり、無償提供を打ち切る動きが出ていることが紹介されている(古部真由美「震災から3年『県外避難者への住宅支援』」『居住福祉研究』17号、pp.25-36)。なお、福島県は2012年12月28日をもって、県外のみなし仮設住宅の新規受付を終了するなど、県外での避難生活はますます厳しくなっている。

2　除本理史(2015)「原発賠償の問題点と分断の拡大——復興の不均等性をめぐる一考察——」『サステイナビリティ研究』第5号、法政大学サステイナビリティ研究所。

3　国会事故調(東京電力福島原子力発電所事故調査委員会)(2012)『調査報告書【本編】』6月、pp.380-381。

4　発災から死亡に至るまでの期間でも線引きの目安があり、1週間以内はほぼ関連死と推定するとし、1ヶ月以内までを「関連死の可能性が高い」としている。それ以降は「可能性が低い」とされ、死亡までに6ヶ月以上が経過したケースについては「関連死でないと推定」される。

5　農業、自営業者の多いこの地域の場合、国民年金の加入者が多く、年金額は最大でも月6万5000円(40年満期の場合)となる。

特集：強制移住・強制立ち退きⅡ

阪神・淡路大震災 20 年
―― 神戸市の借上復興公営住宅 20 年問題

中島絢子（公的援助法実現ネットワーク被災者支援センター）

　阪神・淡路大震災（1995 年）は全半壊 25 万棟に及ぶ住宅災害であった。緊急に大量の災害復興公営住宅の供給を迫られた兵庫県や神戸市など被災 5 市は、公営住宅法の改正（1996 年）によって導入された「借上」方式で確保した。

　ところが被災 15 年後の 2010 年 6 月、神戸市は「第 2 次市営住宅マネジメント計画」を策定し、借上公営住宅で暮らす被災者に対して、退去を迫る施策を打ち出した。借上公営住宅は 20 年契約で借りているので、契約期限が来ると貸主に返還しなければならないという。震災で家を失って、避難所、仮設住宅を転々として、やっと入居できた公営住宅を終の棲家として住み続けてきた人々の間で、不安と憤りが渦巻いている。

　期限満了が最も早いのは西宮市の 2015 年秋。神戸市は 2016 年早々に始まる。居住の権利にかかわるこの「借上復興公営住宅 20 年問題」を、神戸市について報告する。

Ⅰ　公営住宅法改正による「借上方式」

　1996 年 8 月、国は『公営住宅の一部を改正する法律』（平成 8 年法律第 55 号）を施行し、公営住宅の供給方式として、従来の「建築」方式に加えて、「借上」「買取」方式を導入した。

　この借上公営住宅について、国土交通省住宅局住宅総合整備課が、2009 年 5 月、「既存民間住宅を活用した借上げ公営住宅の供給の促進に関するガイドライン（案）」で、つぎのように説明している。

　「借上公営住宅は、民間事業者が建設・保有する住宅を借り上げることにより供給される公営住宅であり、平成 8 年の公営住宅法（昭和 26 年法律第 193 号）の改正において、それまでの公営住宅の供給方式である直接建設方式に加え、民間住宅ストックを活用した公営住宅の供給方式として導入された制度であ

る。

　この民間住宅の借上げ方式による公営住宅の供給方式は、近年の公営住宅の供給に係る以下のような課題に対応するために有用な手法であると考えられる。
　①建設費等の投資の軽減による効率的な公営住宅供給
　②ストックの地域的偏在の改善
　③地域の公営住宅需要に応じた供給量の調整」
　なお、このガイドラインでは、借上期間についてつぎのように言及している。
　「民間住宅を、期間を区切った公営住宅としての供給が可能であるため、公営住宅の供給量の調整を行うことが可能である。定期借家制度(期限付き入居)の活用等により若年・子育て世代の住宅に関するステップアップを促すといった政策的な誘導を行うことも可能である。」
　このように借上げ期間の短期化を示す一方で、「居住継続を認める場合の要件の例」を次のように挙げている。「借上期間が満了し、定期賃貸借が終了する場合であっても、入居後に特別な事情の変更(収入が著しく低下したこと、同居者が障碍者となったこと、配偶者が死別したこと、新たに子どもが生まれたこと等)が生じた場合に、引き続き公営住宅に入居することが認められる場合があり得る」として、柔軟性を示している。

　阪神・淡路大震災では、復興公営住宅は全体で48,000戸であり、そのうち借上復興公営住宅は6,733戸であった。その内訳は、神戸市3,805戸、兵庫県2,289戸、西宮市447戸、尼崎市120戸、伊丹市42戸、宝塚市30戸であった。

II　神戸市の『第2次市営住宅マネジメント計画』

　借上公営住宅の入居者に退去を求める発端は、被災15年後、神戸市の『第2次市営住宅マネジメント計画』(2010年6月)(以降『マネジメント計画』と略)であった。これは2011年度から10年間にわたる市営住宅のあり方を方向づけるものであり、基本方針は、「①更新・改修時期を迎える大量ストックへの対応　②管理戸数の削減　③健全な会計」であった。

　「マネジメント計画」で課題として管理戸数削減と財政の健全化が俎上に上っている。市営住宅管理戸数は53,830戸(2008年度末)で、世帯数割合は8％

になって政令市の中で最も高い。これは、震災で大量の復興市営住宅が一時的に必要となって臨時的に供給したためだが、被災者世帯が概ね3割程度減少している。従って管理戸数収束を図ることが重要となり、震災前の水準に縮減して46,000戸程度にする。その復興市営住宅のうち借上市営住宅は市営住宅全体の7％を占めて3,805戸ある。しかも賃貸借契約期間満了が2016年1月にはじまり、借上市営住宅の95％が2017年度～2019年度に契約満了を迎えることになり、「マネジメント計画」期間と重なる。しかも、借上市営住宅の借上料が年間35億円となって市営住宅の管理事業費を著しく圧迫している。

このような見解に立って、「マネジメント計画」では、借上公営住宅の契約満了に伴う所有者への返還策が結論づけられていった。

この『マネジメント計画』は、復興市営住宅を供給される被災者側の視点が欠如している。市営住宅入居者の高齢化率は38.7％で、単身高齢世帯率は31.3％であり、復興住宅での高齢化率は50.8％、高齢単身世帯率は44.8％であることは指摘されている。復興住宅での高齢者問題の険しさが読み取れる数字だが、退去策を突き付ける肝心の借上市営住宅の入居者の状況は示されていない。まるで無関心であるかのようだ。

しかし、退去促進策に対する入居者の猛反発があって、2年半後に開催された「神戸市借上市営住宅懇談会」（2013年1月～3月）で、借上住宅入居者に関する資料がようやく提出されている。これによれば、2012年3月末現在、借上市営住宅の全入居者は4,593人で、高齢化率は57.0％。2,619人が65歳以上であった。神戸市全体の高齢化率は23％だから、借上市営住宅は2倍以上となる。単身高齢者は54.2％で、借上市営住宅の半数以上が単身高齢者である。家賃階層状況（2013年1月末）は、第1階層（政令月収額0～104,000円）が91.3％であった。

全市の単身高齢世帯は約12％だから、借上市営住宅は4倍以上となる。生活保護世帯は1,007世帯あって、生活保護率は31.4％。因みに、市営住宅全体の生活保護率は22.1％、全市では3％弱である。

『マネジメント計画』で打ち出した方針は、借上市営住宅入居者4,593人の移動計画だが、そのうち高齢者2,619人を、その居場所から移転させるという大事業を遂行しなければならないのだから、綿密な調査と分析がなければ進展し難い。しかし、『マネジメント計画』は、まるで無頓着に、入居者には「理解・協

力を求めて住み替えを進めていく」と、退去方針を打ち出したのであった。

2010年夏、神戸市は、借上住宅入居者のもとに送った「お知らせ」で、退去策を展開し始める。「借上住宅は、震災後に住宅の大量供給が必要だったため、当初より20年の期間で臨時的に民間から借上げたものであり、順次借上期間の満了を迎えます。返還時には全戸を空き家にする必要があり、入居者の皆様には他の市営住宅等へ住み替えていただく必要があります」

これについて被災当時の中川欣哉住宅局長は、『神戸新聞』記者につぎのように語っている。

「市は当初から退去方針を決めていたわけでなく、あのころはまだ政策の形成過程だった。だから、借上げ期間を延長する可能性もあった」(2014年1月13日神戸新聞朝刊)。

Ⅲ 転居促進策

入居者には寝耳に水の20年での返還通知だった。ある入居者が慌てて契約書を取り出して見ると、神戸市営住宅入居許可書に、借り上げ期間の項目がなかった。

筆者の手元に残っている復興住宅一元化募集として4回行われた神戸市営住宅入居申込案内書には、「20年間神戸市が借上げ、公営住宅として供給する住宅です。」の文言があるが、20年後の退去期限の説明はなかった。

兵庫県震災復興研究センターの出口俊一事務局長が、情報公開請求して確認したところ、借上げ期限の記載があるもの3,149件、記載のないものが432件あった。契約を根拠にして住宅退去を求める神戸市側が、その根拠となる契約期間に当時、注目していなかったのである。公営住宅法第25条②を順守していないのは行政側であった。

神戸市の元幹部が当時を振り返って、『神戸新聞』記者に語っている。「一刻も早く仮設住宅を解消するのが最大の目的だった。庁内で返還問題を議論したことはないし、明け渡しの義務を入居者に説明していたかといえばノーだ。募集要項に一文書いてあるからといって契約を強調するのは、当時を知る者としては無理がある」「だから4年前、神戸市が退去方針を打ち出した時は驚いた。ほんまにやるの？と」(2014年1月12日『神戸新聞』朝刊)。

借上げ20年期限通知を入居者に送った2010年秋以降、神戸市は入居者に対してようやく具体的な取り組みを始めた。①意向調査と説明会開催　②早期移転希望者への市営住宅の斡旋　③移転料30万円支払い　④「事前予約制」(移転を希望する市営住宅に空家が発生する前に予約できる)　⑤「グループ申込制度」(同じ借上げ住宅に住む複数世帯が一緒に転居できる)　⑥民間借上げ住宅オーナーの意向調査。

　神戸市は、民間借上賃貸住宅オーナーの意向調査だけを、『マネジメント計画』策定の前年、2007年6月に行って9割強の回答を得ていた。返還を求めたオーナーは3人、4住宅66戸であり、継続契約を求めるオーナーは57人(52住宅1,014戸)、神戸市が求めるのであれば継続してもよいとするオーナーは17人(17住宅305戸)、買取希望が2人(2住宅47戸)であった。しかしオーナーの意向は明らかにされず、入居者に対する意向調査は入居者の反発があった後の2010年11月から翌年1月末に、3,452世帯に、「住み替えあっせん」に向けた意向調査として実施し、2,582世帯の回答があった。借上期間満了後の住まいとして、「市営住宅に住みたい」54％、「家賃が上がっても住み続けたい」20％、「市営住宅以外に転居する」2％、「その他」は13％で、「このまま住み続けたいが家賃上昇は困る」等の記入があり、「無回答」が11％であった。この意向調査は「住み替えあっせん」の目的に沿って、「ここに住み続けたい」の設問はない。つぎに「住み替え先」の希望地域については、兵庫区、長田区に集中している。借上公営住宅の約6割は市街地の兵庫区と長田区に集中しているので、自然な流れである。神戸市は、公営住宅ストックは十分あるというが、市内全域のストック数である。兵庫区、長田区内の市営住宅数と数合わせだけでも難しく、ミスマッチ問題にどう対応できるのだろうか。

　グループ制度は、近隣と築き上げた関係性を保とうとする場合に転居先を同じくできるものであったが、応じたのは3組6世帯だけであった。

　ともかく、この「住み替えあっせん」に応じたのは、187世帯であった。

IV　被災者の事情と神戸市の政策判断

　『マネジメント計画』では、借上公営住宅を「一時的、臨時的に供給した」ものと片付けているが、こう言い放つことに違和感がある。神戸市の管理戸数が著

しく多いのは大震災が住宅災害であり、老朽・狭小・密集住宅地が大被害を受けたことに起因する。従って復興公営住宅の供給場所が従前地への復帰を求める被災者の要望とリンクし、借上方式によって復興市営住宅の供給が可となったのである。

当時の事情を、『神戸復興誌』(平成12年1月17日発行)を参考に振り返ってみる。

神戸市内の住宅滅失戸数は79,283戸(全壊世帯67,421戸、全焼6,965戸、半壊55,145戸、半焼80戸)。神戸市は、神戸市震災復興緊急整備条例(1995年2月16日)を制定。これをもとに被災6カ月後、「神戸市震災復興住宅整備緊急3ヵ年計画」を策定した。民間による供給を含めて住宅供給目標を72,000戸と見込んだ。このうち災害復興公営住宅は10,000戸であった。その第1号となる建設工事発注は被災3ヵ月でこぎつけているが、西神南住宅(その3)は西区の開発住宅地、鹿の子台住宅は北区のニュータウンにあり、被災6区(東灘区、灘区、中央区、兵庫区、長田区、須磨区)から離れていた。

被災1年後の1996年2月から3月、兵庫県が行った応急仮設住宅入居者調査によって、被災者の実態が浮き彫りになった。公的借家を希望する世帯が全体の68.3％、世帯主65歳以上の世帯が42％、年収300万円未満の低所得者が69％を占めており、そのうち100万円未満の世帯が29％もあった。

この厳しい状況に対応するために神戸市は、当初計画を見直して、「低所得者向けの公営住宅の供給増」「公営住宅のさらなる家賃の低減化」「民間住宅復興支援の拡充強化」などを柱とする『神戸のすまい復興プラン』を1996年7月、策定して、公営住宅を6,000戸増やすこととした。新規供給は16,000戸となった。

住宅被害を受けた被災6区は既成市街地であり、被災者はその従前居住地に戻ることを強く望んだ。被災6ヵ月後、神戸市はいち早く災害復興公営住宅を募集した。応募者を被災区別でみると、長田区が応募者全体の32.6％の6,505世帯、次いで兵庫区が16.3％の3,247世帯で、募集戸数に対する平均倍率27倍という高倍率であった。

これを建物の用途別滅失状況をみると、被災者が従前の地に寄せる思いとその背景にある生活状況が透けて見える。長田区の長屋木造賃貸住宅は11,579戸、独立住宅6,312戸、併用住宅4,112戸、兵庫区では、長屋木造賃貸住宅2,995戸、独立住宅2,407戸、併用住宅1,629戸の住居が失われたのであった。長田区の

長屋木造賃貸住宅は57％、併用住宅の49％が滅失したのである。その長屋木造賃貸に居住していた高齢者から、復興住宅に入居したいが、従来の家賃減免制度による家賃すら到底払えないという窮状が橋本龍太郎首相に伝わって、急遽、国の財政措置があって家賃低減化特別制度が創設されたというエピソードがある。実際、市街地40㎡で6,600円の特別低減家賃が実現した。

　非被災区の郊外の西区や北区に災害復興住宅を建設していては被災者ニーズに合わない。多くの被災者が戻りたいのは長田区、兵庫区であり、そこに災害復興住宅が要る。しかし狭小地の複雑な権利関係もあって、まとまった規模での住宅用地を確保できない。ところが、その市街地に災害復興公営住宅を確保できる方策が立った。公営住宅法の改正によって、「借上」方式が導入されたのである。神戸市は積極的にこれを導入した。

V　神戸市借上市営住宅懇談会開催

　神戸市は次の一手として2013年1月、神戸市借上市営住宅懇談会(以降「懇談会」と略)を開催した。委員は大学教授、社会福祉協議会理事、弁護士の5名で、男性4名、女性1名で構成。当事者である借上住宅入居者は委員に入っていない。神戸市都市計画局、保健福祉局の担当者たちも加わって話し合われた議事録が公開されている。

　「①入居者の入れ替わりに伴い、復興住宅の目的と現状とが乖離している。②借上げ期間満了後、再度オーナーと借上げ契約を締結した場合、多額の財政負担が継続すると共に、国庫補助における震災特例が終了し、市の財政負担が大きくなる。③民間のオーナーが100名を超え、意向が様々であるため、オーナーの意向に沿うと各住宅の入居者間で扱いが異なることとなり、公平性に問題がある。以上のことから、契約通り20年の借上期間終了をもって、各住宅をオーナーに返還していく」

　この3点について立ち入って考えてみる。①1999年度、借上公営住宅の被災世帯は95.9％だったが、2011年度には67.5％に減少。復興住宅全体では同時期被災世帯95.0％が、2011年度には65.5％に減少している。被災世帯が減少するのは当然の成り行きである。それを断定的に決めつけて「目的と現状の乖離」と思考停止して、解決の糸口を探らず、契約20年期限を借上住宅減らし

の口実にしている。②の財政負担問題もについて「マネジメント計画」では借上市営住宅の借上げ料35億円とだけ報告されて内訳の説明がされないままだった。神戸市に確認すると、借上げ料の内訳は、家賃料10億円、国からの交付税10億円、一般財源繰り入れ相当額14億円であった。③民間オーナー100名以上のうち23名について、2012年6月までに面談し、返還希望が5名6住宅、継続可能8名、未定10名を確認している。オーナーの意向次第で継続入居できるかどうかの格差が生じるので不公平となるというのはもっともな話である。被災者は復興住宅への入居を望んだだけであり、それが「借上」であれ「直接建設」であれ喜んで入居した。供給する側の神戸市は、従前居住地への復帰を望む被災者の要求に応えた。仮設住宅解消に向けて復興住宅供給に努力した結果がそうなっただけである。公平性を問題にするなら、入居した復興住宅が「借上」であっただけで住み続けられなくなることが余程不公平ということになる。

「懇談会」で問題視された公平性は、結局、「借上」を継続した場合の神戸市の財政負担14億円をどのように評価するのか、市民が納得するか否かの財政問題に集約されていく。確かに財政負担を無視できない。しかし、借上公営住宅は公営住宅法に基づく制度である。従って本来、財政負担は自明である。

VI 「完全予約制」という先送り策

2014年1月28日、神戸市は「借上市営住宅 完全予約制の実施について」を記者発表した。「懇談会」で検討された内容を根拠にしているが、「懇談会」は、借上市営住宅からの入居者転居しかあり得ないという発想で出発し、継続入居することの意義を当初から捉えていない。それを反映したように、神戸市によるこれまでの転居促進策では、市が意図したように入居者は移転しない。借上市営住宅からの移転を貫徹させるという意味において「完全予約制」なのだろうが、神戸市が出した内容は次の通り。

「借上市営住宅のうち、URから買い取り予定に入居する世帯を除く世帯を対象に、借上期間満了時に、「要介護3以上、重度障碍者(児)、85歳以上の該当者がいる世帯は継続入居」できる。それ以外の世帯は住み替え先の団地を指定して複数を事前に予約し、住み替え先が決まるまで最長5年の移転を猶予できる。」

この3要件は到底納得し難いものである。しかし「懇談会」では、この要件に該当する人が継続入居することに対して市民誰もが否定できないという以外に、他の根拠を見出していない。移転の対象となる「要支援3以下、障碍2級以下、85歳以下」の人々についての医療や介護上の配慮はない。高齢者(65歳以上)や弱者にとって転居がもたらす心身への悪影響について語られることがまったくない。神戸市に問い合わせると、この3要件(要介護3以上、重度障碍者、85以上)に該当して継続入居できる世帯は約670世帯。この間に転居した世帯を除くと、約1300世帯(2014年12月末)が見通しの立たない暮らしを続けなければならない。繰り返すが、借上市営住宅入居者の高齢化率67.4%、単身高齢化率57%である。つまり約870世帯人の高齢世帯、そのうち740人の単身高齢者を住み慣れた住居から転居させることになる。仮設住宅から復興公営住宅へと転々とした人たちの中からすでに1,000人を超える孤独死が出ている。神戸市に、転居後どのようにフォローするのかと問うと、「高齢単身者が転居した場合、本人の申込みがあれば1年間、1か月に1回、訪問して見守りします」という答えが返ってきただけである。

　神戸市が打ち出した借上市営住宅20年期限は、公営住宅法の目的「健康で文化的な生活を営むに足りる住宅を、住宅に困窮する低額所得者等に対して、低廉な家賃で賃貸または転貸することにより、国民生活の安定と社会福祉の増進をはかる」を逸脱している。何よりそこに暮らしている人々の居住の権利を保障していない。

参考文献
神戸市『神戸復興誌』平成12年1月17日発行
神戸市都市計画総局『第2次神戸マネジメント計画』平成22年6月
神戸市借上市営住宅懇談会会議事録及び資料
福島徹「建築活動、人口の推移から見た市街地の復興」『都市政策』第91号
国土交通省住宅局住宅総合整備課「既存民間住宅を活用した借上げ公営住宅の供給の促進に関するガイドライン(案)」平成21年5月
早川和男著『居住福祉社会へ―老いから住まいを考える』岩波書店、2014年

特集：強制移住・強制立ち退きⅡ

民間借地借家問題の現状と強制明渡し

細谷紫朗（東京借地借家人組合連合会事務局長）

Ⅰ　年々減少する借地・借地の供給につながらなかった定期借地権

　借りている土地の上に建物を所有している借地人が年々減少している。総務省の平成20年の『土地住宅統計調査』によると、全国の所有地2904万世帯に対して、借地が129万世帯（4.3％）、借地の内容を見ると、一般借地117万世帯（3.9％）、定期借地権など12万世帯（0.4％）となっている。平成15年と比較しても43万世帯も減少している。かつて全国の持家で昭和38年に同統計調査で借地の割合が29.1％、東京圏では46.7％と持家の2軒に1軒は借地であった時代と隔絶の感がある。

　平成3年に借地借家法が改正され借地の供給が促進されると期待された定期借地権は全く効果がなく、借地人は50年の期限の到来で借地上の建物を取り壊して明渡し義務が発生し新たな問題が予測される。

Ⅱ　急増する底地買い、借地人の弱みに付け込む悪質な手口

　最近、こうした借地で貸している土地を所有していても「不良資産」となり、相続しても何らの活用もできないと宣伝し、借地の買い取りを申し出る底地買い業者が急増している。これらの不動産業者が地主から買い取る値段は通常の底地価格の3割から1割程度と安く、数十件借地をまとめて買い取るケースが多い。

　底地買い業者の手口は、旧地主から手紙で○○不動産に底地を売却したとの一片の通知が借地人宅に送られ、直後に借地人宅を訪問し、今後の地代は借地人宅に毎月集金に来る。地代の集金に来る以上、借地人は業者の面会を拒否することができず、業者からは「私どもは借地をこのまま貸すために買ったのではない。底地を買い取るか、買い取れなければ借地権を売ってほしい」としつこく売買の交渉を迫られる。業者の中にはバブル時に地上げ屋の残党もいて、

関西弁で大声でまくしたてられると多くの借地人はノイローゼ状態になり、業者の条件を認めてしまうケースが多い。組合では借地人に対し、業者が集金に来ても「交渉は組合に行って」と交渉は一切しないようアドバイスしている。地代を組合が預かって集金に来させる場合もある。

最近の事例では、借地人が底地の買い取りを拒否すると「貸さないから返せ」と脅迫し、借地人宅を突然に訪問し、面会を拒否しているにもかかわらず玄関のチャイムを何度も鳴らしたり、大声を上げて罵声を浴びせたり、借地人の自宅前に「この土地売予定（借地人付）」との立看板を立てたり、借地人の後を付きまとったりと悪質な追い出し行為が起きている。組合では顧問弁護士を通じて「面談強要禁止」の仮処分申請し、借地人に対し電話や面談の強要明渡しの強要をしないこと等を約束させ和解する事例も生まれている。

東借連では地上げ問題の学習交流会を開催し、底地を業者に買い取られて不安な思いをしている借地人の交流を図り、底地買い業者の悪質な行為について国に対して法的な規制を求めて運動していく考えである。

借地人が高齢化する中で、子供がいても借地であるために親と同居しないケースが多く、建物の老朽化が進み借地人が一代限りとなり、空家になる事例も多く、借地権の活用が今後大きな課題となっている。

Ⅲ　借家の老朽化と耐震性を理由にした明渡し請求の急増

平成25年の『住宅土地統計調査』では、空き家は全国で820万戸と過去最高となった。空き家の内で賃貸用の住宅が429万戸と空家の50％を超えている。賃貸用の空き家が急増する一方で、まだ十分に住むことが可能なアパートやマンションを取り壊して、新しく賃貸住宅に建て替えたり、相続税対策としていつでも売却可能な更地にして、駐車場として貸し出すなどの動きも見える。

東借連に昨年寄せられた借家の相談253件中「明渡し」の相談は110件で43％を占めるなど明渡しの相談が急増している。明渡しの理由は、老朽化と耐震性を理由にするものがほとんどで、「1981年の新耐震基準を満たしていない」、「大地震が起きたら建物の倒壊の危険がある」等と説明している。

また、耐震補強工事をすることは過大な費用がかかると拒否している。

消費税増税の影響で住宅の新規建設が大きく落ち込む中で、賃貸用の住宅の建設は活発になっている。住宅メーカーが開催する相続税対策セミナーには、

今年1月からの相続税の増税を心配する資産家に賃貸住宅の建設で借金をして節税することを勧めている。そこでは住宅メーカーが現在居住している借家人の追出しを請け負う事例が多く見られる。そもそも住宅メーカーの社員や不動産業者が家主から依頼されて立ち退きを迫ることは脱法行為であり、弁護士法違反に当る。

Ⅳ　借家の明渡しには正当事由が必要だが、僅かな立ち退き料で退去させられている

しかし、家主が借家人に対して直接明渡し交渉を行なうことはほとんどなく、管理会社やサブリース会社に丸投げし、明渡しを専門に請け負う業者を使って、家賃の数カ月分の立ち退き料で追い出しを行なっている。

不動産適正取引推進機構の「賃貸住宅管理会社に対するアンケート」(平成24年6月)のよると、賃貸人の事情による解約申し入れで立ち退き料0円が21.5％、0円～6ヵ月未満が72％で、僅かな立ち退き料で退去させられている。

不動産業者の中には、借家人の法律知識のないことに付け込んで、2年契約の途中で3ヵ月の予告で賃貸借契約を解除したり、「今なら○ヵ月分の立ち退き料を支払うが、期間が満了するまで住み続けるなら無条件で立ち退いてもらう」等、巧妙な言い方で借家人に明渡しを同意させ、立退き同意書にサインさせている。

借地借家人組合では、家主の明渡し請求には契約期間の満了する6ヵ月から1年前に予告すること、期間満了時に明渡しを求める正当事由が必要であり、たんに建物の老朽化・耐震性のみで明渡しが認められるわけではなく、正当な事由のない明渡しに反対している。

Ⅴ　高齢単身者の3分の1が借家　深刻な高齢者への入居制限

高齢者のいる世帯が居住する住宅の82.8％が持ち家で、借家が17％を占め持ち家居住が多い一方で、高齢単身世帯では借家の割合が33.9％と3分の1を超えている。

これらの高齢者は老朽化した借家に居住し、劣悪な住環境のなかで暮らしている。

兵庫県の借地借家人組合の調査によると、昨年1年間の組合入会者79名中

35名44・3％が明渡しの相談で、60代から80代が実に74％を占め、単身者が71％と多い。高齢で単身者の借家居住者が明渡しの問題で借地借家人組合へ助けを求めていることが分かる。

「明渡しを求められても、移転先の家賃が高額で負担できない」、「公営住宅に住みたいが何度も応募しても当選しない」、「高齢者だけで住むというと不動産屋から敬遠される」「息子や娘が近くに住んでいるなどの条件が満たされないと賃貸住宅を斡旋してもらえない」等の高齢居住者の切実な声が上がっている。

東京都が昨年8月に募集した単身者向け住宅の応募倍率は56・8倍、シルバーピアは77・8倍と家族向けの住宅の応募倍率と比較しても異常な倍率であり、高齢者が安心して住み続けられる低家賃住宅が圧倒的に不足している。

民間賃貸住宅に暮らす高齢者の明渡し問題は、経済的な理由だけでなく、環境が変わったり知り合いがいなくなることで、家に引きこもったり、孤独死にもつながる重大な問題である。現在東京都が取りまとめを行なっている『高齢者居住安定確保プラン』においても「民間賃貸住宅においては、高齢者の入居を拒まない住宅や高齢者向け住宅も供給されている一方、単身の高齢者や高齢者のみ世帯は不可とするなどの入居制限が行われている状況が依然として見られます」と指摘している。同プランの基本的な方針では「高齢者の入居の円滑化」では、「民間賃貸住宅について、高齢者が不合理な入居制限を受けることなく、市場を通じて、ニーズに応じた住まいを円滑に確保できるよう、東京シニア円滑入居賃貸住宅の登録の促進などを行います」とあるだけで、具体的な支援策はない。

政府は民間住宅の空家等活用し、改修工事に補助して低廉な賃貸住宅を供給する「住宅確保要配慮者あんしん居住推進事業」が今年度創設され、予算が措置された。1戸当たり50万円（共同住宅用1戸100万円）を限度に工事費用の3分の1が補助されるというが、これらの補助のみではたして低所得者の高齢者が入居できるのか極めて疑問である。家賃を引き下げるには家賃補助などの制度との組み合わせが必要ではないだろうか。

VI　耐震性不足マンションの敷地売却　制度の成立で追い出される高齢者

大都市ではマンション居住者が増加し分譲・賃貸のマンション居住は40％

を超え、平成24年末現在のストック数約590万戸で、旧耐震基準に基づき建設されたものは約106万戸といわれている。築40年を超えるマンションは20年後には264万戸となる見込みである。老朽化したマンション居住者の高齢化が進み、昭和45年以前のマンションでは高齢者のみ世帯の割合は50・3％を占めている(国土交通省調査)。同時に古いマンションほど借家の割合も増加している。

　昨年、地震に対する安全性が確保されていないマンションの建替え等の円滑化を図るために、マンション及び敷地の売却を多数決(5分の4以上)により行うことが可能となるマンションの建替えの円滑化等に関する法律の一部改正案が国会で可決された。耐震性不足の認定は申請に基づき特定行政庁が行い、デベロッパーである買受人の買受計画(マンションの買受・除去・代替住宅の提供・あっせん)が認定されると、マンション敷地売却決議で買受人であるデベロッパーに売却され、デベロッパーが耐震不足マンションを建替えれば容積率が緩和される仕組みになっている。なお、買受計画の認可は都道府県知事又は市長とされている。複雑な仕組みになっているが、同決議が5分の4以上の区分所有者の賛成で可決されると決議に反対する区分所有者の区分所有権は時価で買い取られる。区分所有者は分配金取得計画に基づき分配金を取得し、借家人は補償金が支払われ借家権が消滅する。同決議が可決すると明渡しの正当事由について争えない。デベロッパーが新たにマンションを建設すれば、再入居も可能となるが、僅かな分配金を取得しても再入居できる居住者は一部に限られることが予想される。老朽化が進み建て替えが困難な分譲マンションが今後デベロッパーに買い取られ、高齢化したマンション居住者と借家人が強制的に追い出される仕組みとなっている。借家人や高齢のマンション居住者の転居先の確保等について、買受人のデベロッパー任せにすることなく、行政がしっかりと関与し居住の安定確保についての支援策を講じることが必要である。

特集：強制移住・強制立ち退きⅡ

都営住宅の今―問題と運動

渡辺紀子（東京都公営住宅協議会会長）

Ⅰ　都営住宅における深刻な高齢化問題

　2009年頃から、「住民の半数以上を65歳以上のお年寄りが占める『限界団地』が、都内の公営住宅で続々と出現しそうだ。誰にもみとられず、一人暮らしの部屋で亡くなる人も年357人（2006年）にのぼっている」（『朝日新聞』、2006年5月1日）など、多くのメディアが、新宿・戸山団地の取材から見えてきた「都会の限界集落」の実態を報道し始めた。

　指摘通り、現在では「超高齢化」となり、多くの団地で共通の深刻な問題となっている。

　築40～50年の団地では、働き盛り子育て世帯の30代での入居者は今や70～80歳代となり、子供たちが自立し配偶者に先立たれて単身になった高齢者や、障害を持つ人が年々増大して、エレベーターのない団地に限らず、買い物が困難、閉じこもりがちになるなど、生活に支障をきたし始めている。

　また役員のなり手がないため自治会の解散も増え、「相談事やモメ事で逆恨みを受け、恐ろしくて一時荷物をまとめて逃げたり、睡眠薬が増えたりで、ドクターストップ」とか「暴力を受けたこともあったが、喧嘩両成敗とする警察の対応に不信感と、守ってもらえない不安を感じた」など、過去に起きた深刻な事例は少なくなったが、民主主義でない運営による大小さまざまな事件やトラブルは現在も起きている。住民有志で改善を求める行動を起こしても、警察や住宅供給公社および都の「民事不介入」の壁により解決が困難で裁判で調停を求めるケースも出ている。

　コミュニティが弱まるなか、増えていく「孤立死」、「認知症」、「徘徊」などの対策に追われ、自身も高齢になった自治会役員や居住者は、日々こころを痛め、疲れているのが実情である。

　相談窓口・資料提供・情報交換や交流の場・補助制度など、自治会への行政

の対策や支援が急がれているにもかかわらず、遅々として進んでいない。

　居住者の高齢化の主要な原因は、制度の改悪にある。それは、「建てない」、「入れない」、「追い出す」が石原都政によって強行・実施され、引き続いて現都知事の政策にも及び改善はみられない。

　①「建てない」。新規建設は2014年度もゼロ更新が続いている。そのため応募倍率は30倍を超える狭き門である。建物の老朽化により建て替えた団地の殆どが現居住者用で、新規募集用はごくわずかである。それも多くが単身者および二人世帯用の狭小部屋である。

　②「入れない」。入居収入基準の引き下げ（20万円から15万8000円に）で、若い世代の入居はますます困難となる。55歳から応募出来た単身世帯の入居資格を、60歳以上に引き上げたことも高齢化の一因となっている。

　③「追い出す」。収入は変わらないのに、約3割の世帯が「収入超過者」となり、近傍家賃が取り入れられるため民間なみ家賃に上がり、後に明け渡し努力義務が発生する。さらに「高額認定」されると強制的に退去となる。従来、使用承継が一親等まで認められてきたが、「原則配偶者のみ」に改悪されたため、親が死亡したら子は6ヵ月以内に転出せねばならない。だが、新たに実施された40歳未満の世帯向け「期限付き入居」は、10年で明け渡しとなる。

　以上から、結果として都営住宅でなければ暮らしていけない人たちが「入れない、追い出される」ことで、新たな住宅困窮者を生み出している。居住者も高齢化が進み、相互の助け合いもますます困難になっている。国や東京都の住宅政策はあまりにも貧しい。

II　次々と、建て替えられる住宅が、更なる問題を

　2009年2月『週間東洋経済』が「介護用ベッドも置けない！狭い間取りに住民が大反発」と、特集記事で報道された。同年5月1日の『朝日新聞』も「量産される限界団地を生み出すのは、建て替えによる間取りと面積の際立つ狭い設計」と指摘した。TBSテレビの「噂の東京マガジン」では現場のカメラ取材を受け、放映されると人気番組なので大きな反響があった。いずれにも各地で進む老朽化した団地の建替え計画が、住民との充分な話し合いをせずに一方的に進められていること、問題点の改善を求める住民の声が高まっていることなど、共に運動をすすめる東京公住協の姿が大きく紹介された。

(事例1)目黒・大橋2丁目アパート

　　2007年3月の問い合わせに、「5～10年は建替えない」との答えであった。だが2008年1月に突然測量がはじまり、理由もはっきり告げられないままの建替え計画と、現居宅より狭くなり、多くの人が一部屋になってしまうことに反発した。

(事例2)板橋・第2長後町アパート

　　47㎡以上の3DKから10㎡以上も狭くなるうえ、単身者は1DKにしか入れない「型別供給」に対して、絶対に受け入れられない。また、集会所にテープで引いた間取図に沿って車椅子を動かし、バリアフリー化と言う。こんな狭い部屋をつくっては無理と主張した。

　政府および東京都は、「病人を病院から在宅へという方針をだしているが、住宅政策はそれに対応してなく矛盾している」と、住民とともに粘り強く運動を続けた結果、都は「団地は介護施設ではない」と言い続けてきたことを撤回して、「介護も想定して」と一人用・二人用ともに3㎡広げるなど、いくつかの改善をしたが、根本的な解決にはなっていない。

　その実態は以下に示してみよう。

(1) "狭い！"　1DK＝35㎡、　首都圏で最小

　「うなぎの寝床のよう。壁がせまって見え息苦しくなるので出歩いている。」

　「窓がないのでカビだらけなのか、換気扇から外に臭いが吹き出す部屋もある。」

　「夏になると熱中症の不安。風が抜ける部屋にしてほしい。」

　「寝室だけではダメ。年取ったって友達とお茶飲みしたり趣味を楽しむ部屋は必要。」

　「介護ベットや訪問入浴が必要になったらどうしたらいいの？」

(2) "狭い！"、　2DK②＝40㎡＋間取りの悪さ

　「2人分の広さに足りない。一人が6畳ならふたつなきゃダメでしょ。」

　「4畳半もない半端な広さの部屋は寒くていられないし、結局納戸になってしまう。」

　「部屋が離れていて見通せない間取りでは、自宅介護には不向き。」

(3) "法律の裏付けがない！"　型別供給(都が独自に実施)は人権問題

　「介護ベットや車椅子、訪問入浴が必要になったら住めない。ひとり暮ら

しだから一部屋でいいだなんて。人数だけで決めるのもおかしい。」

「戦禍や災害をくぐり抜け、子供を育て上げ夫を看取り、苦労もあったけど真面目に精一杯生きてきた今、これが終の棲家と思うと寂しい。部屋が狭くなるので入らないからと、思い出の品もいっぱい捨てた。好きでひとりになったんじゃナイ。」

「住宅は入れ物じゃない。個々の事情や健康に過ごす事に、もっと暖かな配慮がほしい。」

III　このままではケアなし施設化？

以下の図は、足立区にある公営住宅団地の建替えが終了して、2014年末から2015年2月までに現居住者の移転が完了する団地（現名称・江北四丁目アパート＝旧名称・上沼田第二団地）の平面図である。単身者用が約60％、2人世帯用が約27％と合わせて全体の約88％弱が単身・2人世帯用で占められていることが明らかとなった。特に①、②の棟には「まるでこのまま施設に？」と不安の声が上がっている。

①棟	②棟	③棟	④棟
単身者用	同左	同左	同左
1DK 79％	1DK 75％	1DK 50％	1DK 38％

IV　高齢になっても人間の尊厳が保たれ、安心して住み続けられる住宅に

さまざまな困難を乗り越えて、自治会を再生させた名古屋の「森の里荘自治会」活動を初めて知った時は、その大きさと暖かさに目を見張らされた（そのコミュニティづくりの素晴らしさは、NHK放送大学の教材になった）。その後、当団地との交流をするたびに元気をもらい、常に学びながら展望をもって、楽しく運動を続けることの大切さを学んでいる。

1.　いつかは自分たちもと思った東京公住協の仲間のなかで、さっそく取り組みはじめ、実践しているのが「光が丘第3アパート自治会」である。孤立死や認知症を防ぎ、絆を強めるための「見守りと多彩なレクリエーション活動」をパワフルに繰り広げている。その活発なボランティア活動は反響を呼び、何度も新聞で紹介された。『讀賣新聞』（2014年の1月3日）では「世話焼き団地」と題し

て無料の「何でも相談会」から始まり、ドアのマグネットで安否確認する「見守り活動」、引きこもらないようにと「喫茶室」を開き、そこから「マージャン教室」、「映画会」、「健康体操」、「カラオケ教室」等々へと楽しい企画が広がるなかで、遠巻きに眺めていた人たちも、自主的に協力の輪に加わって来ていると報じている。さらに38団体からなる「光が丘地区連合会」と共に、住民の孤独死ゼロをめざす活動も紹介している。

2.「狛江団地自治会」では福祉部を立ち上げ、部活動として75歳以上の高齢者を対象に、親睦と生きがいづくりを目的とする月一回のサロンを開催しているが、予想以上の反響で喜ばれている。年間の行事も充実しており、8月に3日間通して行われる「団地祭り」では、設営したヤグラのまわりで盆踊りや出店を楽しみ、こども御輿や山車、アトラクションには歓声が上がる。「会員親睦バス旅行」「うんどう教室」も楽しみながら、「多摩川統一清掃」を始め、市や学校、保育園など、地域との交流も図っている。かねてより要望のあったシルバー交番が、「こまほっとシルバー相談室」として2014年11月4日に商店街の一角に開設された。これは東京都の補助事業で、団地に住む高齢者への福祉分野の有識者による相談受付窓口で、より安心して生活が出来るようにと近隣の視察をしながらすすめてきた。

V 憲法25条と公営住宅法に基づいた、幅広い運動を

「居住の場を確保するということは、生活自体の安定、日常的な生活支援の享受、就業機会の獲得のための基礎的な環境であり、最も重要なことである」（東京都住宅政策審議会　中間のまとめ）に対する2011年のパブリックコメントの募集に応じて、以下の文書を送りました。

「同感です。しかしそのことが自力で実現できない場合の対策が公営住宅であり、その基本には国や自治体が守り実行しなくてはならないとされている憲法25条と、その精神に基づいて制定された公営住宅法がある。そのことが昨今は抜け落ちているのが問題です。

50年程前、住まいを必要とする多くの人たちに大量に公営住宅が建設され、当時としては「文化的な住宅」に胸躍らせて入居したと聞いています。その後世界遺産とはいかないまでも、質への転換を目指した住宅が私たちの地域にも現れ、東京都の住宅政策に共感そして期待する声が高まりました。

しかし2011年の今、都営住宅をとりまく状況は厳しさが増しています。収入基準の引き下げにより、若いファミリー世帯の入居は困難となり、そして単身者は60歳以上に引き上げられた。老朽化した住宅の建替えは、現居住者に合わせた戸数と、狭くて使いづらい間取り（私の住む団地旧・上沼田第二団地も、第1期工事は365戸のうち1DKが187戸（51％）、2Kが121戸（33％）、合わせると84％にも）。

結果として、各メディアが「限界団地」、「無縁団地」と報じているように、深刻な高齢化が問題になっており、自治会活動だけでなく、日常のコミュニティづくりも困難になっています。公住協も何度も取材を受けましたが、東京都は「ケアなし施設化」しつつある都営住宅の居住者に対して要望の聞き取り、買い物難民、自宅介護などの実態調査をしていません。

かつての都営住宅は、多様な階層・世帯が住み、子供たちの声がにぎやかに聞こえ、学校がつくられ、商店街に活気があふれていたと聞くにつれ、少子・高齢化対策に積極的な住宅政策こそが必要と思うようになりました。

「原則配偶者のみ」の使用承継制度や「収入基準の引き下げ」で、公営住宅を出されたら、新たな住宅難民が生まれるだけです。都民の共有財産と言うなら、もっと多くの都民が入れるように、新規建設で質の良い公営住宅を増やすために、税金を使ってほしい。

また、民間アパートへの家賃補助や持ち家への支援施策など、都民の声・要望を取り入れられるよう、住宅政策の審議会ももっと都民参加型ですすめて下さい」以上。

VI 足立の運動の記録 10年前のバトン 次の人たちのために

何年も出ては消えしていた「建て替え」の話がついに現実になった時、初めに提示されたのは約200世帯への突然の強制移転からだった。もう10年も前にスタートした私の住む団地（旧・上沼田第二団地）での運動は、まだゴールしていない。

「どうしてココからなの？」、「誰も何も説明してくれない」、「不安で夜も寝られない」。こんな声が聞こえ始め、すでに公住協と出会っていた私たちは行動を起こした。地元議員さんに協力してもらい分かったことは、大規模団地のため、一部のブロックの居住者を転居させ空いた土地に建てると、近くのブロックの居住者がそこに移転。その跡地に建て、次のブロックが移転、という仕組

み。さっそく対象になった方たちに呼びかけをして集会を持ち、皆さんからの不安や要望の聞き取りを始め、共通のものをまとめた要望書を作成した。

　　＊「なぜそこからなのか、住民に納得いく説明を」
　　＊「建て替え計画の全体像を提示すること」
　　＊「ひとりひとりの事情を良く聞いて、都が指定する移転先が無理な場合は
　　　条件にあった住宅をあっせんすること」
　　＊「近くで計画がある住宅の建設を早急にすすめること」
これらを柱に、住民有志が参加して、都と区への交渉が始まった。

　区との話し合いのなかで「何故あの場所からなのか、都からの説明はない」「全体計画も白紙」、「区としては1DKは作ってほしくないと思っている」など、都の説明とは大きく食い違っていたことに驚いた。
　「こんな納得のいかない話で、高齢の身の私たちに見知らぬ地で暮らせと言うのか！」
　交渉はさらに高まり、自分たちで近隣の団地の空き部屋を調べ、それらを入居先に加えるよう要望。都はそれより増やした数で提示。見知らぬ場所、見学して分かった1DKの部屋(当時はまだ32㎡で、トイレには戸がなく、2人世帯が今の3人世帯用の広さの部屋だったので、あまりの違いに泣き崩れた人もいたと聞く)。それぞれが考えた結果、予想以上に多くの人が、「古くてもエレベーターがあれば」と提示されたなかから自分にあった場所・部屋を選ぶことが出来た。
　それでも通院の医療機関、身内の介護などの理由で、最後まで提示されたなかからは選べなかった方たちは、全体の引っ越しには遅れたが、個々に面談をして希望する場所を決めることが出来た。
　怒りからスタートした運動は、始めて知り合った人たちが心を寄せ合い力を合わせて、今に繋がるいろいろな良い結果を生み出してくれた。今でも交流は続いている。その頃、一人の方がはっきりとした口調で「型別供給だけは無くしてね。私たちは間に合わなかったけど、次の人のために」と言われた。私たちに託された言葉は重く、胸に残った。
　この時に渡されたバトンは心の支えとなって、この後次々と続いている「建て替え・移転」運動に繋がり、次の方たちに手渡されている。

特集：強制移住・強制立ち退きⅡ

公団住宅つぶしの新たな閣議決定
—— 都市機構、利益最優先と民業補完に走る

多和田栄治（全国公団自治協）

Ⅰ　公団住宅廃止方針の20年と現段階

(1) 公団住宅にたいする新たな閣議決定

安倍内閣は2013年12月24日に「独立行政法人改革等に関する基本的な方針」を閣議決定し、公団住宅（都市再生機構の賃貸住宅をさす）については次の措置を指示した。

○機構の経営を悪化させないよう留意の上、福祉医療施設の誘致等を推進する。
○東京都心部の高額賃貸住宅（約13,000戸）を2014年度から順次、サブリース契約により民間事業者に運営をゆだね、将来的に売却する。
○定期借家契約の活用等により収益性が低い団地の統廃合等を加速する実施計画を2014年度中に策定する。
○2014年度から募集家賃の上げ下げは機動的かつ柔軟におこない、継続家賃は引上げ幅の拡大、改定周期の短縮など2015年度中に家賃改定ルールを見直す。また、低所得の高齢者等にたいする家賃減額措置は、公費で実施することを検討し、2014年度中に結論を得る。
○住宅修繕業務は、2014年度から3年間に13年度比10％のコスト削減を図る。

(2) 公団住宅廃止にむけた政府方針の変遷

今回の閣議決定を特徴づけるために、これまでの公団住宅民営化・廃止にむけた政府方針と公団組織の変遷をふりかえっておく。

公団住宅廃止の動きは1981年の第2次臨調答申にはじまり、「行革第1号」として日本住宅公団を廃止、住宅・都市整備公団に再編した。1997年に橋本内閣が分譲住宅からの撤退と賃貸住宅の新規建設停止をきめると、99年には住都公団から「住宅」の大看板をおろし都市基盤整備公団に改組した。そのさい

家賃は原価家賃から市場家賃に、建て替え事業を任意から法定に変えた。同年「良質な賃貸住宅の供給促進」と称して定期借家制が創設された。都市公団は4年後の2003年に廃止がきまり、都市再生機構が独立行政法人として発足した。独立行政法人は、特殊法人(公団)が担ってきた公共的な事業および組織を、「民にできることは民で」をモットーに3年ないし5年ごとに評価・検討し、積極的に民間開放、廃止に橋渡しをすることを使命としている。

わが国の住宅政策体系は、都市機構の設立を皮切りに大きく転換していく。2006年に住生活基本法を成立させ、住宅法制のうえでも小泉構造改革を仕上げた。定期借家制ができて今後「良質な民間借家」の供給は進み、「住宅確保要配慮者」のためには住宅セーフティネット法を制定、都市機構の役割は終わったとして07年、安倍内閣は「規制改革推進のための3カ年計画」を決定し、公団住宅の売却・削減、定期借家契約の拡大を機構に求めた。機構組織の改廃は3年後に結論を出すと先送りした。

これに従い機構は07年12月「UR賃貸住宅ストック再生・再編方針」を発表し、全国77万戸、1806団地を、①団地再生、②ストック活用、③用途転換、④譲渡・返還の4つの類型に大別して、2018年までの10年間に約8万戸除却する方針を明らかにし、団地ごとの整備方針をさだめた。09年4月には定期借家契約の幅広い導入を打ちだした。

(3) 民主党内閣も小泉改革・自公路線を継承

2009年8月の総選挙で政権につくと民主党は、「事業仕分け」で早々と公団住宅の廃止・民営化を仕掛けてきた。自民・公明路線をひきつぎ、これを推進する立場から、都市機構のあり方「検討会」「調査会」をつぎつぎ設けて、2012年1月には、公団住宅「分割・株式会社化」の基本方針を閣議決定にこぎつけた。公団住宅の一部を新たな行政法人に移し、他は100％政府出資の特殊会社にし、完全民営化をめざすというのである。

この性急な決定には、公団住宅を俎上にのせて消費税増税の前に「身を切る」改革を演出して見せたい焦りばかりが目立った。

2012年12月16日の総選挙で民主党は国民に期待を裏切って大敗し、第2次安倍内閣が出現した。これまで大義のない政府方針の実施をくい止めてきた公団住宅居住者の自治会活動、全国自治協の活動はここでは触れない。2014

年9月に刊行した『全国公団自治協の40年』を参照されたい。

(4) 第2次安倍内閣の新たな公団住宅「改革」の特徴

安倍内閣は2013年1月24日、民主党内閣の「公団住宅分割・株式会社化」方針を当面凍結し、それ以前に決定していた改革案をひきつづき検討し、「改革の集大成」に着手することをきめた。「それ以前の改革案」とは、第1次安倍内閣の公団住宅削減・売却、民営化計画と、つづく福田、麻生両内閣のもとでの手直し案をさす。

都市機構改革案は、行政改革推進会議に設けたワーキンググループが13年10月に検討をはじめ、12月18日に報告書をまとめた。

今回の閣議決定が従来と大きく異なる特徴を二つあげる。一つは「民営化」の文言が消えたこと、もう一つは、都市機構を「中期目標管理型の法人」としながらも、機構はこの先20年間、2033年度までの経営戦略をかかげ、「持続的な機能実施」を強調していることである。

「民営化」とは、公共が担うべき事業を外部の民間経営に移すことをいう。外部に移さなくても、自らが民間と同じ営利企業体に変われば、民営化の必要はない。機構の賃貸住宅を民間経営に外部化するのではなく、機構そのものが営利企業に変わる、いわば「政府の民営化」に踏み出したといえる。

そして独立行政法人の使命は変わり、組織自体の廃止はなくなる。国土交通省住宅局長も機構理事も口をそろえて、自公政権にもどり今回の閣議決定のおかげで「もう民営化も機構廃止の心配もなくなった。あとは経営体として生き残るだけ」と語っていた。

都市機構が「経営体として生き残る」こと、閣議決定の実施が、公団住宅居住者にとっては何を意味し、何をもたらすか。それを検討する前に、公団自治協の調査結果、機構の資料から、機構と賃貸住宅居住者の現状をみておこう。

II 公団住宅家賃と居住者の現状

(1) 公団自治協の第10回アンケート調査の結果から

紹介するのは、全国自治協が2014年9月におこなった第10回「団地の生活と住まいアンケート調査」の結果である。全国231団地(昭和30年代17、40年代110、50年代42団地と建て替えの62団地)で実施し、93,128世帯から回答を

えた（回収率41.3%）。設問は3項目、その他である。①世帯主と家族、②収入と家賃負担、③住宅修繕の要望のほか、時に応じて高齢者住宅や消費増税などの政策課題についても設問している。

　集計結果にあらわれた主な特徴は、団地居住者の少子高齢化、収入低下が急速にすすみ、7割余の世帯が家賃負担の重さと居住不安を訴えると同時に、公団賃貸住宅での永住を希望している点にある。修繕項目については、機構は市場家賃といいながら、畳・ふすま等を居住者負担とし老廃化が目立つため、これらの項目に要求が高まっている。

1. 急速にすすむ少子高齢化、小家族化

　世帯主は60歳以上74%（2005年調査55%）、70歳以上50%（27%）を占め、性別では男63%（70%）、女34%（28%）。

　居住者の年代別人口比は、20歳未満8%（13%）、20〜40歳代23%（32%）、50〜64歳17%（24%）、65歳以上50%（26%）。

　家族人数は平均1.9人、1人家族37%（27%）、2人39%（37%）、3人以上20%（31%）と1人家族の急増が目立つ。

　いまの団地に住みはじめてからの年数は、30年以上（1989年以前に入居）が41%、9年未満（2005年以降）が26%を占め、永住派と短期居住派の二極分化傾向がみられる。

2. 第Ⅰ分位層は51%、200万円未満が35%

　年収区分は総理府統計局『2013年度家計調査・家計収入編（総世帯）』による。第Ⅰ分位内は自治協が細分した。

　収入5分位の第Ⅰ分位（251万円未満）51%、第Ⅱ（〜367万円未満）20%、第Ⅲ（〜505万円未満）13%、第Ⅳ・Ⅴ（505万円以上）計10%の分布である。機構は第Ⅲ分位層を施策対象とする建て前をとっているのにたいし、第Ⅰ、第Ⅱ分位層が合わせて71%を占める。第Ⅰ分位層を細分すると、150万円未満が20%、250万円未満では35%に達し、年々比率を高めているのは250万円未満層だけである。

3. 年金受給世帯66%に、「年金だけ」が43%

　世帯収入源では、給料だけの19%に、パート・アルバイト（7%）、年金（13%）の収入もある世帯を合わせると39%、年金受給世帯は66%、年金だけが43%を占めている。

4. 家賃負担「重い」が73%

家賃は市場家賃であり、住宅規模、所在地、建設年代、建て替え後、等々によって異なる。全国平均では、5万円未満37％（建て替え団地16％）、5〜6万円台35％（24％）、7〜9万円台17％（24％）、10〜12万円台6％（20％）、13万円以上3％（13％）を示す。

アンケート回収戸数(17,591戸)、回収率(57.9％)とも最多の東京多摩について地区平均を具体的にみると、5万円未満13％（建て替え団地2％）、5〜6万円台44％（17％）、7〜9万円台24％（22％）、10〜12万円台9％（29％）、13万円以上6％（27％）となっている。

年収250万円の世帯にとって家賃7万円、共益費3000円とすれば、負担率は35％である。政府・公団は当初、第III分位収入の17％、のちに20％を家賃の適正負担率としてきた。現在の家賃負担にたいし「たいへん重い」の回答は増加しつづけて36％（1996年20％、2005年30％）、「やや重い」も31％、36％、37％と漸増している。

5. 家賃が不安65％、公団住宅に永住したい72％

公団住宅に住んで不安に思うことの第1は、「家賃値上げや高家賃のこと」65％、「公団住宅の民営化」50％、「団地再生で移転強要」39％と答えている（複数回答）。

そのうえで、今後の住まいについては、1990年代前半まで80％台あった「公団住宅永住希望」は減少傾向にあるとはいえ72％あり、漸増しつつある「公営住宅への住み替え希望」10％をくわえると、やはり8割余の世帯が公共住宅居住を希望している。持ち家購入は2005年の10％から5％に半減した。

(2) 都市機構の資料と定期調査から

機構は5年ごとに「公団住宅居住者定期調査」を実施し、直近は2010年の第10回調査である。集計結果の全容は公開していない。

全国68.2万戸から8.8万戸を抽出して調査票を配布し、回収率68.8％からの集計である。自治協調査の対象が昭和30〜50年代団地およびその建て替え団地が中心であるのにたいし、機構調査の対象は平成21年度管理開始団地までを含むという。ただし昭和40〜50年代団地が調査対象全体の66％を占めており、自治協調査に少ない平成7〜21年度団地は20％にあたる。

1. 居住者の状況

人口および世帯主の平均年齢は、自治協の調査対象にくらべて若いが、ともに高齢化傾向は顕著である。平均家族人数は 2.12 人であり、65 歳以上の高齢者が住む世帯は 39％ある。単身居住が最多の 35％を占め、うち高齢単身（65 歳以上）15％、中年単身（40 〜 64 歳）16％、若年単身（40 歳未満）5％の比である。2 人世帯（夫婦のみ）25％、3 人世帯（夫婦＋子）24％、その他である。

　居住年数は 5 年未満が 34％（05 年調査 43％）、5 〜 10 年未満 21％（同 18％）と、短期居住者が半数をこえ、公共住宅としての内実、役割の低下を思わせる。

　2009 年における世帯主年収は 402 万円、世帯総年収平均は 484 万円（04 年は 418 万円、505 万円）、収入 5 分位では、第Ⅰ（〜 257 万円）25.3％、第Ⅱ（〜 378 万円）20.2％、第Ⅲ（〜 525 万円）20.4％、第Ⅳ（〜 759 万円）18.5％、第Ⅴ（759 万円〜）15.6％と発表している。

2. 都市機構の家賃と財務

　都市機構の賃貸住宅部門の経営情報の、2013 年 3 月末時点における大要を列記しておく。

　総管理戸数は 75 万戸、うち 70％が昭和 30 〜 50 年代の管理開始である。空き家は 8.3 万戸、11％にのぼる。空き家増大の原因は高家賃にある。

　家賃の全国平均は、募集家賃 72,800 円（㎡単価 1,313 円）、継続家賃 70,900 円（同 1,275 円）である。機構は市場家賃をもって空き家募集家賃としており、募集 100 にたいし継続は 97.4 であるから、機構の家賃水準はほぼ完全に市場家賃化されているといえる。

　賃貸住宅部門は、既成市街地、ニュータウン事業等を合わせた全部門のなかで唯一、安定的な純利益を確保しており、その純利益は他の赤字部門の穴埋めに繰り入れている。2012 年度決算によれば、業務収入 6,784 億円（うち家賃収入 5,502 億円）にたいし、修繕費 1,363 億円、家賃収入の 35％にもあたる利払い等の財務費 1,964 億円等を支出し、920 億円の事実上の利益をあげ、うち 273 億円は減損損失に計上し、当期純利益 647 億円をだしている。各団地での営業利益率は平均 44％である。

Ⅲ　家賃収入の最大化と「エリア」ごとの団地処分

　2013 年 12 月 24 日に閣議決定されると、都市機構はそれをうけて 14 年 3 月 31 日に第 3 期中期目標、中期計画（2014 〜 18 年度）とともに『経営改善に向け

た取組みについて」(『経営改善計画』2014 〜 33 年度)を発表した。

『経営改善計画』はこの先 20 年間の機構の目標を「財務構造の健全化を最優先課題とし、民業補完の徹底と両立させること」とし、取り組み項目を列記している。具体的な指針は賃貸住宅事業に集中している。

一言でいえば、「家賃収入を増やし、団地統廃合を加速して資産と負債を減らし、キャッシュフローを最大化せよ」につきる。第 3 期から第 6 期まで機構あげての中期目標の結びはすべて、50％をめざし「賃貸住宅事業の営業キャッシュフローマージンを確保する」のくりかえしである。機構の経営から公共住宅の理念は払拭したのであろう。

以下、閣議決定にしたがい機構がとりくむ「家賃設定方法の見直し」と「団地統廃合の加速化」の問題点について述べる。

(1)家賃設定方法の見直し

都市機構法 25 条は、新規入居者の募集家賃は、近傍同種家賃と「均衡を失しない」、継続家賃はそれを「上回らない」と定めている。この規定がいま機構には障害になっている。まず近傍同種家賃と同義語にしてきた「市場家賃」を消して、機構が依頼する不動産鑑定業者による「鑑定家賃」の新語におきかえ、次に、機構の家賃設定に鑑定家賃からも乖離(額・率)がどの程度許されるか検討をはじめている。

機構がめざす家賃設定の方向は、現状を募集家賃の設定は「硬直的」、家賃改定ルールは「インフレリスクに脆弱」と言いだしたその本音にあらわれている。市場家賃にとらわれず、募集家賃は「柔軟かつ戦略的に」上げ下げする。継続家賃は、インフレ状況に追随できるルールに変更し、機構の業者が鑑定した「鑑定家賃」に準じて引き上げていくというのである。機構法 25 条が想定する、継続家賃は募集家賃を下回るという定式は自ずとくずれ、逆転もありうる。入居はしやすく、その地に生活の根が下りたら引き上げていくという考え方が読みとれる。

公団・機構は 1999 年に家賃設定を原価主義から市場主義に転じ、2012 年までに継続家賃は全国平均で 58,400 円から 70,600 円に、募集家賃は 60,200 円から 72,500 円に引き上げてきた。その間市場家賃は消費者物価指数で 100 から 96.7 まで下落している。デフレ傾向がつづく「市場家賃」が基準では家賃引き上げに不都合というのである。

そこへ「アベノミクス」という味方が現われた。デフレを脱却してインフレが進行すれば、家賃値上げができる、資産価値も上がる、負債返済は軽くなる、機構はインフレ大賛成である。

アベノミクスは年々2％の物価上昇を目論でいるが、機構は市場家賃の上昇を2.5％、5％と想定したシミュレーションを図にして、現行の改定ルールのままでは乖離がこんなにも拡大する、急いで現行ルールを変えなければと、国会筋などに説明に回っている。値上げマインドばかりが先走り、その根拠、理由づけはあまりにもいい加減、非現実的である。見直される現行ルール自体もすでに破たんしている。

現行ルールは「3年ごとに市場家賃との乖離の3分の1を引き上げる」というが、「作り話」でしかない。継続家賃は、機構のデータで市場家賃（＝募集家賃）100にたいし、額面上すでに97.4である。開きがあるとすれば、空き家が団地によっては2割も3割もある事実が証明するように、機構家賃がいまや市場家賃を上回っているのではないか。乖離の「作り話」にくわえ、市場家賃といえず「鑑定家賃」に変えたのは、家賃値上げをくりかえし、市場家賃に照らせば本来引き下げるべき家賃を下げずにおく「根拠」にするためである。「2年ごとに乖離の2分の1」引き上げ案は、作り話の上塗りである。

現行家賃ルールの破たんが、自治協の批判だけでなく内部的にも明白になり、渡りに船とばかりにアベノミクスに飛びつき、「急激な家賃水準の上昇局面に対応」と称して、今度は「おどし絵」を描く。機構がたくらむ「インフレリスクに対応した継続家賃改定ルール」の正体はこれである。

低所得高齢者世帯等への家賃値上げ抑制措置については、公費による実施を検討するという。ねらいは国庫による措置の充実ではなく、機構負担の縮小、廃止にある。論点として、対象世帯の所得要件、年齢基準の見直し、入居時期による限定のほか、資産状況の勘案までもあげている。

(2) 団地統廃合の加速化

機構は現在では、賃貸住宅を2018年度までに10万戸再編に着手し、5万戸を削減して72万戸に、33年度末には65万戸程度にする計画である。これまで第1次安倍内閣以来の公団住宅削減・売却の政府方針にしたがって団地再生・再編計画を進めてきた。しかし第2次内閣がこれを「団地の統廃合」として閣議

決定し、加速化を求めた新たなねらいは、2015年3月13日に提出した都市機構法一部改正案によって明かになった。

改正案は、現行法が団地建て替えのさいの「隣接する土地」取得は認めているのにたいし、「近接する土地」(飛び地)の取得も可能にし、団地統廃合の加速化を図るとしている(機構法第11条13を改正)。もう一つは、リスクの大きい都市再生事業について、民間と共同して開発型SPC(特別目的会社)を組成し、事業初期から「民間投資の呼び水」として機構に投資を可能にする法改正である(第17条の2を新設)。アベノミクスの「第3の矢」戦略である。

国土交通省は14年秋から、空き家増大の原因を高家賃ではなく、もっぱら立地、利便性の悪さのせいにし、「好立地」への団地集約、近接地への建て替え、住民の移住とその家賃措置等にあわせ、「コンパクトシティ化」構想をマスコミに書かせてきた。機構も閣議決定後の計画に、複数団地を同一生活圏(「エリア」)とみなし、広域的な建て替え事業を示唆し、移転にともない低所得高齢の居住者等への「過大な負担増にはならない配慮」にまでふれている。

改正案提出にさいし国交省は、その「近接地」とは主に国公有地だという。近年の庁舎移転・合庁、学校の統廃合、公務員宿舎廃止等により各都市に大規模な跡地が見られる。「骨太の方針2014」は「国公有財産の最適利用」を指示し、財務当局をはじめ政府は地方自治体等にむけ跡地処理のための「地域・まちづくり(エリアマネジメント)」、定住促進・市街地活性化を名目に「コンパクトシティ化」の推進をはかっている。団地の統廃合とその加速化のねらいも、明らかに国公有地の跡地処理にシフトしている。ある業界紙は「機構が既存建物を活用する方針を立てている団地についても、改正法を活用した建て替えへの転換を促していきたい考えだ」と報じている。

団地統廃合にともなう最大の問題は、居住者にたいする移住・立ち退きの要請である。居住者は、いま住んでいる団地に住みつづけたいし、住環境は良好、建物もけっして「老朽建築物」ではなく、維持管理をよくすれば耐久性は十分あるはずである。貴重な国民資産を壊し、高齢者が大半の居住者は慣れない別の団地に追い出され、育ててきたコミニティもつぶされる。そのうえ家賃負担増は目に見えている。到底納得できることではない。

国交省の説明文書も「移転については居住者の同意が前提となる」と注記せざるをえず、国策とはいえ、上記のような移転要請に借家法上の正当事由がな

いことは明白である。

　都市機構は2015年3月31日に、年度内策定を求められた「UR賃貸住宅ストック再生・再編方針に基づく具体的な実施計画」ではなく、「具体的な」を省き「実施計画」と称してその方向性をようやく発表し、個別の団地ごとの方向づけは中期目標期間中、2018年度までに公表するとしている。発表文には「エリア単位での団地の再編の加速―近接地建て替え」の項を設けていることは言うまでもない。

　公団自治協は、家賃値上げの新ルールづくりと団地追い出しをくい止め、公団住宅を公共住宅として守っていく活動を積極的に展開していく。

［補論］機構の団地処分にともなう居住者対応（実例）

　第1次安倍内閣の「規制改革推進3カ年計画」が打ちだした公団住宅売却・削減、民営化方針は2007年12月、都市機構の「UR賃貸住宅ストック再生・再編方針」として動きだし、第2次内閣の閣議決定によって、この再編計画にもとづく「団地統廃合の加速化」が進められていることはすでに述べた。

　2014年度にはじまる第3期中期計画においては、全国1,711団地（75万戸）を4類型に分け、②「ストック活用」団地を除き、①「団地再生」の、全面建て替え14団地（1万戸）、一部建て替えをふくむ複合型再生の24団地（4万戸）、集約66団地（8万戸）、③「用途転換」53団地（1万戸）、④「土地所有者等への譲渡、返還等」285団地（3万戸）を対象に、18年度末までに約10万戸の再編に着手し、約3万戸を削減するとしている。

　機構が08年以降これまで削減に着手してきたのは、1960年代前半に建設された、多くは100戸未満の市街地住宅であり、東京、大阪をはじめ札幌、仙台、福岡、下関、鹿児島などの各都市に広がっている。とくに借地方式の市街地住宅の用途廃止については、借地契約の期限と耐震診断の結果をその理由にあげている。耐震改修促進法にもとづく耐震診断の結果、耐震性の不足が判明、大規模改修には多大の費用を要し、施工後は機能性が大きく損なわれるとし、土地所有者と協議のうえ用途廃止をすることにしたと居住者に説明し、移転を求めてきた。14年9月までに借地方式の市街地住宅の用途廃止は、48団地、4200戸余に達する。

機構所有地の市街地住宅については、居住者が住みつづける現状のまま団地を売却する「建物譲渡型用途転換」を進めている。最近の一例として、14年11月に金沢市の新神田団地（5階建て3棟100戸、1977年竣工）、ライブ1かなざわ（4～11階部分96戸、1986年竣工）、15年1月には熊本市の武蔵ヶ丘団地（11階建て1棟、14階建て2棟、185戸、1975年竣工）の譲受人の募集をはじめている。

土地所有者等への譲渡・返還にせよ、用途転換、団地集約にせよ、先決の課題は居住者の移転であり、建物の除却、敷地の処分をもって完結する。敷地処分をめぐる問題については、ここでは論じない。居住者にとっては、地価バブル期の「地上げ」にも似た衝撃、困惑をうけるにちがいないが、ごく一部の具体的な事例をあげて機構がとっている方策について述べる。公共資産である団地の「再生」、「用途廃止」が、少なくとも居住者に何をもたらすか、その事業目的、結果が何なのか、検証していく必要がある。

土地所有者等への譲渡・返還の場合

事例として東京都港区内の団地をあげる。区内16団地のうち青山地区の4団地と港南3丁目が譲渡・返還型、港南1丁目は全面建て替え型、他の10団地をストック活用型に類別している。南青山はすでに土地所有者の昭和地所（株）への土地返還、建物除却を決め、居住者には「説明会」をすませて、居住者の移転終了をめざしている。北青山の団地は定期借家契約による入居に切り替えているから、やがて南青山に続くことになろう。

居住者（自治会）が機構にたいし強く事前の話し合いを求めないかぎりは、南青山の場合のように、いきなり「説明会」をひらき、用途廃止にともなう諸条件、移転費用の支払い、今後の手続き等の説明をする。その日を事業開始の基準日とし、1年半ないし2年間の「お話し合いの期間」をもうけて移転期限と定める。居住者と合意内容の覚書を交わすとともに、移転までを「一時使用賃貸借契約」に切り替え、移転のさいに移転費用、一時金等が支払われる。これらの条件の履行は、期限までに移転する場合に限られる。

一般世帯にたいしては、家賃等の一部補てんとして一時金、原則100万円を支払う。なお、希望者には他の機構賃貸住宅をあっせんする。

機構がさだめる低所得高齢者等の世帯には、他の機構賃貸住宅をあっせんのうえ、移転先の家賃をその住宅の本来家賃と公営並み家賃との中間値に設定す

る（ただし従前支払い額を下限とする）措置を基本とする。民間住宅等への移転の場合は、一時金 100 万円を支払う。

一般世帯、高齢者等世帯とも、移転雑費 44.4 万円を支払い、引越しは機構が業者に発注し負担する。

団地再生事業の場合

港南 1 丁目（4～11 階 128 戸、2DK・1LDK46.5 ㎡、1971 年竣工、1～3 階はとバス事務所、敷地 4,021 ㎡）は従来型の「全面建て替え」としているが、事実上「戻り入居」を想定しない複合型再生事業というべきだろう。機構はつぎの理由をあげて、もっぱら移転をすすめる。

○単棟であり団地内での仮移転先の確保ができない。
○品川駅前という立地特性から、建て替え後の家賃負担の激増が予想される（現住宅 46 ㎡ 8 万円、建て替え後 50 ㎡ 20 万円を想定）。
○団地外での長期にわたる仮移転と再度の引越しは身体的・心的負担が大きい。

移転先として、品川八潮パークタウン（品川駅からバス 17～19 分）を指定し、ほかに芝浦、お台場の団地をあっせんしている。

機構は「説明会」を 2012 年 3 月 18 日に開いて移転にともなう条件、家賃措置を示すとともに、すぐ移転先あっせん団地の見学会、都営住宅あっせん手続きをはじめた。具体的には、①品川八潮パークタウンの賃貸住宅、②機構の他の賃貸住宅への移転、③港南 1 丁目団地への戻り入居、④民間住宅への移転のケースについて説明した。措置内容は、用途廃止の場合に準じている。低所得高齢者等の機構賃貸住宅への移転については、10 年間、移転前の支払い家賃に据え置くとしている。

機構は跡地について 2014 年 7 月 25 日に「港南 1 丁目地区基盤整備工事、同地区業務施設・住宅建設その他工事」の一般競争入札を公告した。地下 2 階、地上 27 階の「港南ビル」、地階駐車場、1～2 階店舗、3～14 階事務所、15 階住宅共用部、16 階以上住宅 139 戸。工事期間は 2015 年 9 月～19 年 2 月を予定している。

特集：強制移住・強制立ち退きⅡ

公社住宅の建替え問題と定期借家制度

新出正治（東京都公社住宅自治会協議会）

Ⅰ　東京都住宅供給公社（都公社）の概略

　地方住宅供給公社は、1965（昭和40）年6月、地方住宅供給公社法が成立、施行され各地に誕生した。東京都住宅供給公社も、その一自治体の地方住宅供給公社である。主に人口50万人以上の大都市のうち10都市（大阪、名古屋、京都、神戸、堺、横浜、川崎、千葉、福岡、北九州の各市）の住宅供給公社がほとんどの場合、自治体の全額出資により設立された。当初は、積立て分譲方式の分譲住宅が多かったが、分譲より賃貸住宅の供給に力を入れたところもあった。

　それは主に大都市圏の住宅供給公社であり、東京都や神奈川県がそれにあたる。

　神奈川県住宅供給公社は、同公社法制定前の1950年（昭和25）に財団法人として発足し、法制定後の1966年（昭和41）に再発足している。

　都公社は、地方住宅供給公社法に基づき1966年に東京都が1億500万円の基本金を全額出資して設立された。前身は1920（大正9）年設立の財団法人東京府住宅協会（その後、東京都住宅協会、東京都住宅公社を経る）と1947年（昭和22)設立の東京都住宅資材協会（その後、東京都住宅普及協会、東京都宅地開発公社を経る）であり、この二つの公社が統合され現在に至っているが、いまは「自主自立の経営」ということで東京都からの出資はなく、借入金のみとなっている。

　2014（平成26）年11月時点に於いて、全国地方住宅供給公社の一般賃貸住宅（公社施行型）管理戸数は、解散公社（11公社）を除き、また集約型建替えや用途廃止などで164,294戸となっている。そのうち都公社は、171団地、69,022戸を管理し、また都からの委託を受けて都営住宅1,665団地の計27万5000戸余りの管理をも行っている（本間義人著『戦後住宅政策の検証』より一部抜粋）。

II 建替え問題

　いま、都内の公社住宅が直面している大きな課題は「建替え問題」である。1950（昭和25）年から管理を開始以来、それ以降に建設された建物が対象となっているが、30数団地はすでに建替えられ、コーシャハイム（KH）やトミンハイム（TH）となっている（**表1**参照）。しかし、その他の特に、1964（昭和39）年以前に建てられた23区内の建替え対象住宅は、建設された当初は周りに民家も少なく、道路も確保されていたが、現在は、①周りに民家や公共施設などが建ち、②日照権や騒音問題、③道路も区画され大型重機が入れない、④都市開発計画のからみ、などの諸問題が発生。周りの住環境も多大に影響し、計画通りの建物（高層住宅）が建てられなくなっているというのが現状である。

　建替えが、築年数や老朽化の問題だけではなく、周りの住環境をはじめ、採算性・作業効率の良さ、いわゆる費用対効果の面からも考察する必要性に迫られている。

　これまで築50年がひとつのメドとして建替えられてきたが、今後は築70年から100年？も視野に入れ、建替えできるところは建替えるとしても、建替えの難しい住宅については、耐震補強や再編整備計画の見直しによる『ストック活用基本方針』にもとづく「ストックの効果的な活用」への転換が余儀なくされつつあると推測される。

　それは、2003（平成15）年に都公社から出された『再編整備計画』の中で、今後10年以内に建替えを予定する住宅として、新たに「33」の住宅が建替え対象住宅として発表された（**表2**参照）。しかし、10年後の2013（平成25）年度末までに建替えられた住宅は3分の1程度の住宅だけで、残りの住宅はさらに「5～7年は建替えができない、また5年毎見直す」というのが都公社の出した結論である。ただ、この「見直す」という言葉には建替え時期が延びることだけではなく、結局は建替えを断念し、建替えの対象からも外されてしまう可能性があるという意味も含まれている。まさに『再編整備計画』の見直しに迫られた状況となっている。

　今の住宅に完成以来40年、50年と住み続け「建替え」を心待ちにしていた住民は、「いつ建替えます」という発表のないまま、この10年間落ち着かない生活に対する不安と都公社に対する疑念が膨らむ中で、さらに「延期」と「見直し」と

表1　公社建替終了住宅一覧

2015.01.22

番号	事業年度	旧住宅名	建築年度	従前戸数	建替後住宅名	建替後戸数	増減	竣工年月
1	H 4	穂田	S 25	64	KH 神宮前五丁目	60	-4	H06.11
2	H 7	薬王寺	S 25	88	TH 薬王寺	96	8	H10.05
3	H 8	大井水神	S 25	55	TH 南大井五丁目	71	16	H11.02
4	H 9	小豆沢	S 25	160	TH 小豆沢	210	50	H12.08
5	H 10	栄町	S 28	76	TH 南台三丁目	116	40	H13.02
6	H 11	仲之町	S 26	62	TH 仲之町	65	3	H13.02
7	H 11	久が原	S 28	96	TH 久が原五丁目	126	30	H14.09
8	H 12	笹塚	S 25,26	40	KH 笹塚	70	30	H14.09
9	H 12	戸塚	S 25,26	146	KH 高田馬場	154	8	H14.10
10	H 12	志村	S 26	82	KH 志村	94	12	H14.12
11	H 13	中村北	S 31	66	KH 中村北	89	23	H15.09
12	H 13	仲六郷(1期)	S 28	128	KH 仲六郷(1期)	160	32	H15.12
12	H 15	仲六郷(2期)	S 28	72	KH 仲六郷(2期)	93	21	H17.12
13	H 13	東蒲田(1期)	S 29	112	KH 南蒲田(1期)	159	47	H15.12
13	H 15	東蒲田(2期)	S 29	111	KH 南蒲田(2期)	82	-29	H17.12
14	H 14	志村前野町	S 28	112	KH 前野町	121	9	H16.02
15	H 14	富士見台	S 30	32	KH 富士見台	41	9	H17.02
16	H 15	千早町	S 30	56	KH 千早	50	-6	H17.09
17	H 15	二葉町	S 29	80	KH 大井町	79	-1	H17.09
18	H 14	第六天町	S 26	76	KH 小日向	77	1	H17.10
19	H 15	駒込	S 25	74	KH 駒込	96	22	H17.11
20	H 16	広町(1期)	S 28,29	144	KH 杉並和田	280	136	H19.01
20	H 18	広町(2期)	S 28,29	272	KH 中野弥生町	390	118	H22.01
21	H 16	千住旭町・日之出	S 29,30	160	KH 北千住	189	29	H19.02
22	H 16	太子堂(1期)	S 27	110	KH 太子堂	143	33	H19.07
22	H 19	太子堂(2期)	S 27	94	KH 三軒茶屋	101	7	H22.04
23	H 17	芦花公園前(1期)	S 32	176	KH 芦花公園前(1期)	258	82	H20.07
23	H 20	芦花公園前(2期)	S 32,41	72	KH 芦花公園前(2期)	54	-18	H22.02
24	H 17	鷺宮	S 29,30	192	KH 上鷺宮	181	-11	H20.01
25	H 17	東大久保	S 25	58	KH 東新宿	71	13	H20.01
26	H 17	上池上	S 29	56	KH 仲池上	65	9	H20.02
27	H 17	馬込西	S 30	88	KH 西馬込	116	28	H20.02
28	H 18	小竹町(1期)	S 30,31	72	KH 小竹町(1期)	96	24	H21.02
28	H 20	小竹町(2期)	S 30,31	128	KH 小竹町(2期)	134	6	H23.03
29	H 17	丸山町	S 26	174	KH 千石	187	13	H21.06
30	H 19	烏山(1期)	S 31,32	248	KH 千歳烏山(1期)	313	65	H22.02
30	H 21	烏山(2期)	S 31,32	336	KH 千歳烏山(2期)	192	-144	H25.10
31	H 19	向原(1期)	S 32-34	280	KH 向原(1期)	293	13	H22.07
31	H 22	向原(2期)	S 32-34	280	KH 向原(2期)			H26.05
31	H 25	向原(3期)	S 32-34	280	KH 向原(3期)			H26.07
32	H 20	久我山(1期)	S 33	132	KH 久我山(1期)	263	131	H23.03
32	H 23	久我山(2期)	S 33	132	KH 久我山(2期)			H26.07
33	H 22	三宿	S 29	96	KH 三宿	202	106	H25.12
34	H 21	方南町	S 32,33	144	KH 方南町	170	26	H26.02
35	H 25	田端	S 27	56				(H28.05)
36	H 25	千歳船橋	S 28	96				(H28.11)
37	H 23	十条	S 34	46	KH 板橋加賀			(H27.03)
38	H 27,28	大蔵	S 34-38	1264				?
39	H 27,28	経堂第一	S 27	96				?
40	H 27,28	和田本町	S 27	108				?
				7,178		5,807	987	

表2 再編整備計画で今後10年以内に建替を予定しているとされた住宅名

千住橋戸（足立区）	雑色（中野区）	小竹町（練馬区）	上石神井（練馬区）
茗荷谷（文京区）	千歳船橋（世田谷区）	烏山（世田谷区）	十条（板橋区）
中野（中野区）	豪徳寺（世田谷区）	芦花公園前2期（世田谷区）	用賀（世田谷区）
太子堂2期（世田谷区）	弦巻（世田谷区）	赤堤（世田谷区）	烏山松葉通（世田谷区）
本村町（港区）	広町2期（中野区）	向原（板橋区）	大蔵（世田谷区）
石川町（大田区）	三宿（世田谷区）	江古田（中野区）	鷺宮西（中野）
田端（北区）	大山（板橋区）	方南町（杉並区）	以上（33団地）
経堂第一（世田谷区）	祖師谷（世田谷区）	興野町（足立区）	
和田本町（杉並区）	松の木（杉並区）	久我山（世田谷区）	

　いう住民にとっては怒りと不安が増幅されただけの状態となっているのである。

　そこで今、建替えについて住民は、いつ実施されるか判らない「建替え」をただ待つだけではなく、住民自体も「見直す」ことが必要と考え、各対象住宅に建替えに対する住民アンケートを取り、それを集約して都公社へ要望書を提出する運動を展開している。

　その要望書の内容は、個々の住宅により多少の違いはあっても、ほとんどの住宅に共通しているものは、都公社負担による浴槽・風呂釜の設置・取替え、畳の取替え、室内やドアの塗装、浴室の換気扇、網戸の設置、結露・カビ対策など、住居の環境改善を要求した内容のものが多くなっている。「このままの古い汚い部屋で暮らすのも限界」で、しばらくの間建替えが出来ないのであれば、せめて「部屋の修繕・改修をお願いしたい」という住民の切実な気持となって現れている。

　また、建替え後の高家賃も以前から問題となっている。私たち、東京都公社住宅自治会協議会(公社自治協)は、1㎡あたり1,500円、60㎡で90,000円以下の家賃を要求してきた。しかし、公社が示す建替え後の家賃は、概算でも10万円を超え、1㎡あたり2,500円〜4,000円超となり、現行の支払い家賃の3倍から4倍となっている。今まで永く住んでいた住民の方には、3通りの「従前居住者制度の家賃減額措置」があり、それを利用して家賃の減額を受けることができますが、そこにも問題がある(表3 参照)。

　①「高齢低所得者世帯家賃減額措置」…本来家賃(契約家賃)の45％の減額となる。しかし、65歳以上の年齢制限と都営住宅入居基準内の所得であること等の規定がある。この規定内であれば住んでいる間、減額率は変わら

表3 従前居住者制度の内容

1 本移転の移転費用と家賃助成　　（公社から支払われる金額）

区　分		移転費用	家賃助成	合計金額
公社住宅への本移転		300,000 円	1,400,000 円	1,700,000 円
民間住宅への本移転		300,000 円	1,400,000 円	1,700,000 円
都営住宅への本移転	浴槽あり	300,000 円	0 円	300,000 円
	浴槽なし	300,000 円	150,000 円	450,000 円

2．仮移転の移転費用と家賃助成　　（公社住宅、民間住宅も下記のとおり）

仮移転の移転費用	500,000 円（往路30万円、復路20万円）
家賃補填	基本的に現在家賃を超える金額は公社負担。ただし、家賃限度額（団地ごとに異なる）を超えた部分は居住者負担となる。限度額の金額は事業説明会で確認すること。
敷金	差額は公社が負担する。
礼金、手数料	契約時に必要なものは、公社が定める範囲で公社が負担。

3 特定住替え　　（戻り入居はできない）

建替後の他の公社住宅へ優先入居	公社が定める建替後住宅に優先入居、移転先の戻り入居者と同一条件で家賃減額措置を受けられる。移転費用30万円が支払われる。
既存の公社住宅への優先入居	昭和40年以降建設の公社住宅への住替え、（公募家賃9万8千円以下の住宅）戻り入居者と同様の家賃減額制度を受けられる。ただし現在家賃は自己負担となる。移転費用30万円あり

4 家賃減額制度　　45㎡以下の部分が減額対象、超える部分は対象外。

① 家賃激変緩和措置　　全世帯主が対象となる。
ただし、この措置を選択した場合、後に資格を満たしても高齢低所得者世帯等の家賃減額は受けられない。

年　目	1	2	3	4	5	6	7	8	9	10	11～
減額率	45.0	45.0	45.0	40.0	35.0	30.0	24.0	18.0	12.0	6.0	減額なし

② 高齢等傾斜減額措置　　都営住宅の入居基準を超える、説明会時に世帯主の年齢55歳以上の世帯主

年　目	1	2	3	4	5	6	7	8	9	10	11	12	13
減額率	32.0	30.0	28.0	26.0	24.0	22.5	21.0	19.5	18.0	16.5	15.0	13.5	12.0
年　目	14	15	16	17	18	19	20	21～		高齢低所得者世帯の家賃減額措置に移行できる。			
減額率	10.5	9.0	7.5	6.0	4.5	3.0	1.5	減額なし					

区　分	対象及び資格	減額率
③ 高齢低所得者世帯家賃減額措置	都営住宅入居収入の世帯で、世帯主の年齢が65歳以上。事業説明会時55歳以上	都営住宅基準家賃を基に算出した額又は本来家賃の1/2のどちらか多い額
④ 身体障害者等家賃減額措置	都営住宅入居収入世帯で、戻り入居時身体障害者手帳4級以上又は、愛の手帳3度以上の方を含む世帯	
⑤ 一人親世帯家賃減額措置	都営住宅入居収入世帯で、戻り入居時同居親族が20歳未満の子供だけの一人親世帯	
⑥ 生活保護世帯家賃減額措置	戻り入居時に生活保護世帯の認定を受けている世帯	住宅扶助限度額が上限

ない。

②「家賃激変緩和措置」…これは、年齢・所得に関係なく全世帯が対象となり、利用できる。3年間は①と同じ45％減額の家賃であるが、この制度を選択した場合はこの制度だけで、他の家賃減額措置には移行(変更)できず、また10年間の傾斜減額で10年目6％の減額を最後に、11年目からは通常の10数万円の契約家賃(その時点の募集家賃)となる。下記の③に比べ減額率が良く魅力はあるが、その後年金受給者となった場合などは、かなり厳しい家賃額となってしまうものである。

③「高齢等傾斜減額措置」…これは初年度32％の家賃減額から、20年間の傾斜減額で年々減額率が下がり、20年目には1.5％だけの減額となり、21年目からは通常の10数万円の契約家賃(同上)となる。この制度は、①の所得が都営住宅の入居基準を超え事業化説明会当日55歳以上の世帯主という条件はある。しかし、減額期間中に都営の入居基準内の所得になれば①の家賃減額措置に移行(変更)できる。

　これらの家賃減額制度(措置)の中で、「事業化説明会当日55歳以上の世帯主」が対象というのが大きなネックとなっていて現在のところ、<u>事業化説明会当日55歳未満の現役世代の世帯主が利用できるのは②の「家賃激変緩和措置」</u>だけとなっている。他の制度(措置)への移行(変更)もできず、なかには家賃が払いきれず、若年世代を中心に減額期間中にやむなく、退去・引越しをせざるを得ない世帯も出てきている。

　また、定期借家制度(公社は、期限付き)で入居の世帯は、何年住もうと、この建替えに係わる「従前居住者制度」のひとつの制度も利用できないため、不満が持ち上がってきているのも事実である。

　そこで、都公社の建替えに係わるもうひとつの「従前居住者制度」について説明しておこう。建替えとなった場合、居住者は移転(引越し)をしなければならない。その移転(引越し)に掛かる移転費用、その費用を支給する制度のことを言う。(表3参照)。これも家賃減額制度と同様に、永年同じ公社住宅に住みつづけ、何十年と家賃を払い続けてきた居住者への緩和措置、サービスの一環として公社自治協が強く要望し、その後公社と何回となく協議を重ね、数年かけてやっと実現してきた経緯がある。

①建替え後、また同じ住宅へ戻る(戻り入居する)ため一時仮移転する往復の

引越し料。
②いまの住宅へは戻らず、別の公社住宅、あるいは民間の賃貸住宅へ引っ越す(本移転)費用。
③また、一部家賃の差額分が公社から支給される制度もある。

しかし、これらの制度は「定期借家制度」で入居(新しく入居)した人たちには適用されず、建替えが決まり期限がきたら、新たに住まいを探し、自費で引っ越すしかないのである。

将来建替えられることを説明し、納得の上期限が来たら退去することを了承して入居している…から仕方がないのというのか。建替えも延期、延期となり、いつ建替えられるか分からない状況となっているいま、何らかの制度変更が必要か、と思われる。

III 都公社と全国公社住宅の定期借家制度(期限付き入居)

定期借家制度は議員立法にて成立、施行され、「公共住宅にはなじまない」という意見もある中で、都公社住宅には2003(平成15)年7月の募集から主に、建替え後の住宅へ「期限の有無、何年の期限付き」という形で導入された。現在は、23区内だけではなく多摩地区にも一部導入されている。私たち公社自治協は、期限が来たらその家庭の事情に係わらず一方的に追い出す、退去させることは非人道的である側面を強く推し進め、「制度の廃止・撤廃」を訴え続け、全国公社自治協の総会でも決議するに至っている。その後、都公社とも2年にわたる協議の結果、残念ながら制度の廃止までには至っていないが、期限がきても退去することなく「再契約」ができ、同じ部屋に住み続けることができるようになっている。

しかし、「再契約」時に募集家賃での契約となり、現行家賃より高い家賃と成る可能性が残っている。将来的には「制度の廃止・撤廃」を他団体と共に訴え続けることは勿論であるが、現実的には都公社に対し、「定期借家制度」の導入中止と期限後の契約を「再契約」ではなく、同じ家賃での「自動更新」となるよう運動を続けている。

また、「定期借家制度」は、新規入居者だけに適用されている制度であり、適用(導入)されていない団地も(全体の68％)あり、古くから住んでいる多くの人たちには関心が薄く、運動として協力を得にくい一面もある。

東京都以外の「定期借家制度」に関する全国公社一般賃貸住宅の傾向としては、
- 神奈川県公社は、施行後一度も導入されていない。
- 大阪府公社は、2007年枚方市で建替えを理由に一時導入されたが、建替えが中止され現在は導入されていない。
- 福岡県公社は、導入され同じ定期借家でも契約は一年、家賃一年分前払いという住宅もあり、年々全住宅に拡大されようとしている。現在建替え対象住宅14団地、1510戸が平成27年12月末までの定期借家制度が適用されている。

今後も都公社住宅の「建替問題」と「定期借家制度」の問題は切り離しては考えられず、つねに付随した問題として考えていく必要がある。

そこで、建替え対象から建替えまでと定期借家(期限付き)の流れについて
①建替え対象住宅となる＝新規入居者は定期借家(○年間の期限付き)となる。
②居住者は、新規入居者が○年間の期限付きで入居しているので、その期限内に建替えの情報があるだろうと予測(しかし現在は、この時点での停止状態となっている)。
③建替え選定住宅(3年以内に建替えが決定)となる＝定期借家(期限付きが○年○月○日まで)となる。各住宅で建替対策委員会の立ち上げが必要となる。
④建替えが始まる約1年前に事業化説明会が開催され、概算家賃や処制度の説明あり。
⑤居住者は、仮移転か引っ越す(本移転)かの判断を決める。
⑥戻らず引っ越す人(本移転)は、他の公社住宅か民間の住宅へ移る。
⑦戻り入居する人は、一時仮移転し、建替え後の住宅へ移転先より戻る(10年の定期借家、期限付き)となる。
　※この仮移転から戻り入居の間、移転先が数カ所に別れるため、自治会がある住宅は自治会組織をいかに存続させるかが大切になる。建替えを機に、自治会が一時解散となり、建替え後組織できず、自治会が消滅する住宅があることが危惧されている。

本来は、③のように建替え選定住宅となり、定期借家(期限付き)も①の「○年間」から、「○年○月○日まで」という期限表示に変わっていた。しかし、平成

26年度の募集から、まだ選定住宅となっていない建替え対象住宅も「○年○月○日まで」という期限で表示されている。これについて都公社は、「見直す」と言いながらも5年後、7年後には建替えることを前提として、それぞれの対象住宅の新規入居の最終期限を揃えるため、と説明している。

実例としては、5年後の「平成31年3月31日まで」、7年後は「平成33年3月31日まで」という「○年間」ではなく、期日を限定した表示に変えている。

ただし、「5年毎見直す」という但し書きは変えていない。

これまで建替えに係わる居住者の「おもい」や定期借家を含めた制度について書かせていただいたが、建物にも寿命があり、いずれは老朽化し、耐震性に欠け、建物としての用をなさなくなり、中には除却・用途廃止となる住宅もある。また、建替えでも集約型建替えといって、二つの住宅が一つの住宅に集約されるものもある。このように「住まい」としての快適さ・安全面そして周りの環境的側面からも、何れにしろ建替えは避けて通れない大きな問題であり、今後の課題となっている。

最後に、「公共住宅不要論」などが出て久しくなるが、私たち公社自治協は「いつまでも、誰もが安心して住み続けられる公共住宅」を旗頭に他の団体とも運動を続けている。今後も如何に私たちの住む公共住宅を守っていくかがさらなる大きな課題となってきている。

論文

居住福祉資源の個別性について
——子ども時代の道草から

水月昭道(学校法人筑紫女学園)

I　はじめに

　居住福祉学会では、より質の高い福祉環境の構築に向けて、従来型の(福祉)制度——"フロー"に加え、地域・生活環境や住環境そのものを「(福祉)資源」と捉え、それらの充実を図ることによる"ストック型"の「居住福祉」実現を目指してきた。

　また、そうしたストック型の福祉を実現している優れた団体等に「居住福祉賞」を授与してきた歴史を有する。

　居住福祉概念とは、会長・早川和男先生が建築学者として長年にわたる研究活動から、「安心安全な住まいとは人権そのものである」という考えに到達するなかで導かれたものである。

　本稿では、この居住福祉概念の更なる精緻化を図っていきたい。具体的には、ある町における「(福祉的)資源」を対象にすることで、その質的な部分に関する理解を深めていく。特に、子ども時代に楽しんでいた道空間や地域内での遊びとその記憶について、とりわけ、子どもの心象風景形成と町との関わりに注目しながら、「(居住福祉)資源」が有する"個別性"についての整理を図りたい。

　地域空間を対象とした(福祉的)資源概念の萌芽は、すでに、『空間価値論 都市開発と地価の構造』(早川 1973)において、場所や諸施設等の"属性"に注目する形で確認されており、現在までに体系的に導かれている部分も少なくない。しかし、その大半は地域居住者など大勢の人たちを対象とした、より一般化されやすい居住福祉資源の価値に注目してきたといえよう。

　本論ではそこに「時間軸」を挿入することで、個(人)と"居住福祉資源"とが、どのような関係性を築いているのかについて、質的な観点からの評価を試みたい。「居住福祉」の理論的な側面を更に精緻化することが目的である。

II　アフォーダンスと居住福祉資源

　著者はこれまで、生態心理学者であるギブソンのアフォーダンス概念を援用し(Gibson 1986)、通学路における子どもの遊びを誘発する"(環境)資源"に着目してきた。
　「アフォーダンス」とは、一般的には「環境が動物に提供するために備えている情報や価値」などと解釈されている(佐々木 1994)。人が環境と触れあう際に(相互交流を果たす過程において)、人はしばしば環境の中になにかしらの"意味"や"(行為の)可能性"を複数見いだしているということである。

　たとえば、道路に併設されるガードレールは、歩道と車道を分離し"歩行者の安全を守るため"のものだが、人がそこに寄りかかって"一休み"することもできる、という具合にである。これを、通学路における子どもの遊び行動にあてはめてみる。
　すると、次ページの図1のような"意味"や"(行為の)可能性"を、子どもたちが道の構成物(環境"資源")に対して"発見"している様子が明らかになった(水月 2004)。
　道の構成物には、子どもの遊びを誘発するアフォーダンスが確かに備わっているといえるだろう。ただし、ここで注意を払いたいのは、その"アフォーダンス"は必ずしも発見されるわけでもないようだ、ということだ。子どもの行動が連続するなかで、ある時は"意味"が見いだされたり、また別の時にはそうでなかったりする場合が認められるからだ。
　図1の最上段にある場面の場合、信号待ちで子どもは"信号機のボタンを連打して遊ぶという"行動をとった。二段目では、同じように信号待ちで"車止めのブロックの上に座る"という行動をみせている。
　一見すると、道路沿いの環境(信号のボタン＆車止めのブロック)には、一定の法則で子どもの行為や(遊び)行動を誘発するアフォーダンスが備わっているかのようにも映る。
　しかし、実際にはそうした反応的な形のみで(遊び)場面が成立しているわけではない。子どもの行動が連続的に繋がっている[**]ことにより、時間の流れのなかでの"アフォーダンス発見"へと繋がり、結果、この時空間における「(遊

子どもの行為	行為の場面	対応する環境図	行為に対応する環境
ボタンを押す		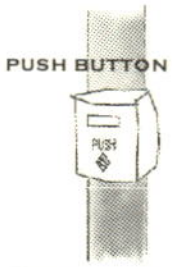	信号機の押しボタン
ブロックに座る			車止めのブロック
花をもらう			新規開店のパチンコ店の花
まつぼっくりを蹴る			落ちているまつぼっくり
ブロックの上にのる			歩車分離のブロック
生け垣にさわる		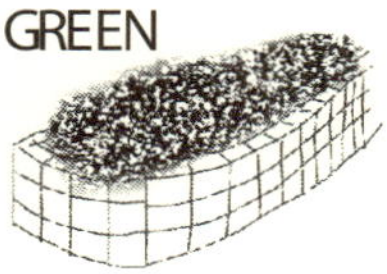	建物に付随する生け垣

図1　子どもの(遊び)行為と道環境(資源)との相互交流の構造

び)行動」は発生したものと考えられるからだ。先の場面では、「信号待ち」がきっかけとなり、子どもの行動のリズムに変化が生まれ、「遊び」へと繋がったと思われる。

仮に、「信号待ち」という場面(子どもと道環境との間に相互交流が発生するきっかけ)が生じなかったならば、道路沿いの環境の中に"(遊びの)アフォーダンス"が発見されたかは不明なのである(図2)。

**連続的に展開される子どもの行動と遊びの場面

①子どもが歩いている　→②信号待ちで止まる　→③(そのことをきっかけとして)道沿いの環境に目がとまる。そして、"(遊びの)アフォーダンス(意味)"を発見する　→④"遊び行動"がはじまる

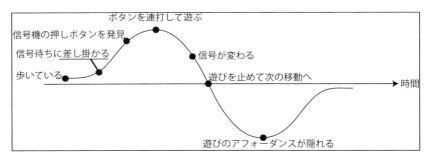

図2　行動の繋がりとアフォーダンスの発見および潜伏の様子

以上から、"子ども"と"環境"との相互交流は、それが生じる前後における行動の文脈的背景に依拠する形で成立していることが窺えよう。

環境のなかに意味が発見されるには、なにがしかの「契機」を必要とするのだ(水月 前掲)。そのため、「人間－環境」系の相互交流の構造を読み解くには、"行動の連続性"といったことを念頭に置いた包括的な視点を導入しなければならない。

子どもの遊び行動と環境との関わりの構造を例とすれば、時間軸上で連続的に展開される行動場面が"浮かんだり沈んだり"することと重なって、"(環境に内在する)意味"もまた現れたり潜伏したりする(図2)。

地域資源への理解は、こうしたことを踏まえて、それが有する質的な価値と個別性に着目しながら進められることが望ましい。以降では、その部分に関し

てフィールドワークで得た知見を報告する。

III 居住福祉資源の質的な部分について―その隠れた物語に触れる

時間軸を視野にいれた、「人間と（福祉的）環境」系の相互交流の様子を質的に読み解くために、本論では次のようなフィールドワークを実施した。

- ■インフォーマント：Aさん(40代 女性)
- ■フィールド：Aさんが子ども時代を過ごしたT町
- ■調査時期：2014年10月
- ■調査の内容：町を一緒に歩きながらヒアリングを実施。適宜、写真等による記録。
- ■分析：フィールドノートから資源性に関連する部分の文脈の抽出

Aさんと一緒に、彼女が子ども時代を過ごしたT町を歩きながら、道沿いにある公園等の施設利用に関する思い出や、道沿いで遊んだ記憶等を中心にヒアリングを適宜実施した。

以下、フィールドワークの様子[※]である。

※調査をスタートし、Aさんと一緒に道を歩きながらいくつかの角を曲がったときだった。ある一本の電信柱の前で、Aさんが突然立ち止まった。そして、2～3秒くらい経ってから、Aさんはやおら口を開いた。

> Aさん：ああ、懐かしい。幼稚園くらいの頃かな。この電柱の陰でお団子(三色団子)を食べたのよ。すぐ向こうにお母さんといつも行っていたスーパーがあって、その日はどうしてもお団子が食べたくなって「買って買って！」ってねだったの。子どもだから我慢できなくて、すぐに食べようとしたら、お母さんが「Aちゃん、お店ではだめよ」って。でも、外にでたらどうしても食べたくなっちゃって。そうしたらお母さんが、「人に見えないようにね」と言ってこの陰で食べさせてくれた。

道路際になにげなく立っている(とだけしか筆者の目には映らない)「一本の電柱」。それを見つめるAさんの顔が懐かしそうに輝いている。そこには、Aさ

んしか知り得ない物語が隠されていたようだ。

それは、Aさんがその電柱の前を通り過ぎようとした際、一瞬立ち止まったことを契機として、Aさんの心にひっかかるなにかしらの意味となって浮かびあがり、結果、Aさんはそこで語りをはじめるに至った。

電柱とAさんとの間では、次のような形での"意味(情報)"のやりとりがなされたことだろう。

①私とAさんが、歩いて"移動"している際に、たまたま遭遇した"電柱"が、Aさんの個人史を掘り起こす"装置"として起動した。　②そこに隠されていた物語が私に語られることで、「Aさんの、ふるさと感を刺激する」までに昇華した形の"(居住福祉)資源"がその場所に浮かび上がった。

ただの電柱にしか見えないものが、実は、(福祉的)資源性を備えていたというわけである。

さてここで、いまひとつ疑問が生じてくる。

それは、もしもその日、調査者である私がAさんとその道を歩くことなく、結果、この話についてAさんから何もきかされなかったとしたら、というものだ。

その場合、電柱は「ただの電柱」としてその場に立っているにすぎないのだろうか？

「ただの物体としての電柱」と「福祉的資源性を有する電柱」との間には、どんな違いがあるといえるのだろうか。

人と町との"関わり方"に注目してみながらその答えを探っていきたい。

たとえば、町との関わりが薄い人間——単なる通行人などは、その町に備わっているさまざまな環境とは当然ながら深いかかわりを持たないため、やはり彼らにとってはこの電柱も意味のないものとしてしか映らないだろう。

しかし、町に一時期でも滞在し、町との関わりを築いたことがある人にとってそれは当てはまらないはずだ。なぜなら、町のさまざまな場所は、その人たちにとっては、隠された"意味"の宝庫となっているはずだからだ。Aさんの語りからもそのことはよく理解できる。町の環境の中には、本来的に多様な個人史が埋もれていることは否定できない。

なにかのきっかけがあり、その隠れていたものが姿を現すことになるとき、それは"特定の個人"にとってかけがえのない(居住福祉)資源としての形をとり

はじめるのだ。

つまり、質的な居住福祉資源のなかには、個人的な意味づけがなされた特定の種の存在が認められる一方で、そのことが他者にはなかなか理解されないという側面も同居しているわけである。一般化されにくい質の情報、あるいは価値があると理解されよう。

以下、フィールドワークを続けながらそうした資源に光をあてていこう。

その場を離れ、また道を歩き出すと、今度は小さな公園が見えてきた。Ａさんの口からは、続いて２つの思い出が語られることになった。

①関西から引っ越してきてすぐのころ、５歳か６歳くらいだったんだけど、この公園にお母さんと一緒に来たの。そこのブランコで遊んでいたら楽しくなって。お母さんはそろそろ買い物にいかなくちゃ、とやめるように言ったんだけどね。「ここで待ってる」って答えたの。で、お母さんは買い物に行っちゃって。３分ももたなかったと思う。とても寂しくなって、エンエンと泣き始めたの。そうしたら、隣の家のお姉さんがでてきて「どうしたの？」って。少し安心したのと、「もしお母さんが帰ってこなかったらどうしよう」って不安とで、ますます声が大きくなったのを覚えてる。

②小学生の頃は、ここはみんなの遊び場だった。私はまだ赤ちゃんだった妹を背負ってここに来て、ほらそこの木陰に妹をねっころがしてね、野球なんかやってたな。喉が渇くと、道の向こうのあの家にいって水をのむわけ。裏庭に水道の蛇口があるのをみんな知っていて、「おばちゃん、お水のましてください」って。いつも家のなかから「は〜い」って聞こえてきた。いまでもお元気かな。それから、ここは隣の校区の子どももよく来てた。男子はすぐに争いになるわけ。そうなると、私は争いが嫌いだから家からジミー（犬の名前）を連れてきて、鎖を離したわ。男子たちは、「うわ、ジミーだー」って、たちまち阿鼻叫喚になってた(笑)。

この時のＡさんの語りからは、小さな公園を中心としながら展開される、家族や友達・地域の人との密な関わりがクッキリと見えてくる。Ａさんがどんな

子ども時代を過ごし、それがどれほど豊かな時間であったのかが目に浮かび、思わず自分の子ども時代とも重なり懐かしくなってしまった。

　もう一つだけ、Aさんが紡いだこの町との"物語"の紹介をしておこう。

　私たちは、足をさらに別の場所に進めていった。
　先ほどいた公園の側壁に沿って住宅街を貫いて延びるその道はとても細かった。上り坂にがけっこう続き息が切れてくる。やがて、T字路に突き当たった。横からの道は、それまで歩いていた道より少し太かった（車がぎりぎりすれ違うことが可能）。T字路を左折して、その道に入り、さらに頂上付近を目指す。3分後、右90度カーブ。曲がり終えると、300メートルくらい続く、最後の急勾配の直線が目に入る。その向こうはもう空に繋がっていた。頂上付近には、存在感のある大きな楠がそびえている。そこまで上ったところで下を振り返った。町が眼下に収まった。少しして、Aさんが遠くを見るような目で語りだした。

　　今歩いた坂も、いろいろ思い出があるよ。スケボーで下って一度気を失ってね。子どもには魅力的な坂道でしょ。兄とスケボーの上に正座して2人でね「ダーっ」と。あの左カーブが曲がれず、そのまま壁に「ドン」ね。しばらくして、ハッと気がついたら大きな擦り傷ができてて。痛かったな。今となってはいい思い出だけど。

　　あと、近所のお兄さんにバイクにのせてもらったのも思い出。町を見下ろしながら、スーって降りていく時、「ふわっ」と浮いた感じになってドキッとして。バイクって凄いって思った。それで（自分も）乗るようになったわけ。

　エピソードは以上である。考察を続けたい。
　移動を繰り返しながら折々に道の環境との遭遇をはたすなかで、Aさんには、ある種の懐かしさや心地よさといった感情が湧いていたようだ。心理面に影響を与えるこうした（福祉）資源は、質的に無視できない価値を備えていると思われる。
　町のなかに郷愁を誘うこうした資源が多く構築できれば、地域環境はとても

魅力的に映るだろう。だが、Aさんの語りに見られるような懐かしい風景は、果たして再構成ができるようなものなのであろうか。

　Alexanderは、心地よさをもたらす要素が組み合わさっている環境に注目し、それを『パタン・ランゲージ』として253個に集約してみせたが、ここではそのまま当てはまりそうにはない。ほかならぬ記憶の中の風景、つまり今現在は直接触れることのできない景色が対象となっているからだ。

　Aさんの足を止めることになった電柱や、過ぎ去った時代を想起させる坂道、その場所に長く姿を留める公園等のそれぞれは、Aさんの(頭の中にある)記憶を呼び起こす装置として働き、あくまでも思い出という形での風景が浮かんだだけなのだ。これは、現実の環境の諸要素を組み合わせて、その(心地よさの)要因を探ることを可能とするような類のものではない。

　では、Aさんの語りから生まれた(まぼろし)の風景は、単に彼女の頭のなかだけのものとして放置しておくしかないのだろうか。いや、そうではなかろう。

　なぜなら、まぼろしの風景は、「環境と人間(Aさん)」との相互交流を通して浮かびあがったものだからだ。そうであれば、単にAさん個人の記憶として存在しているのではなく、同時に、土地に埋め込まれた記憶(の風景)でもあると指摘できよう。

　町の特定の"場所に積層したメモリー"と"個人の記憶"とが結びつくことで、この特殊な(まぼろしの)風景はつくりあげられているのであろう。

　それは唯一無二のものともいえるはずだ。

　私とAさんが、たとえその日に歩いたようにまた(別の)道を移動したとしても、Aさんが語ってくれた電柱をめぐるお話がその時においても再現されるかといえば、そうはならないだろうからだ。

　「その場所・その時」での記憶や経験をもともと"共有"している「"人"と"環境"」とが、なんらかの契機のもとに、時を経て再び相互交流が展開されることで、「(思い出的に)語られだすエピソード」がある。それこそが、質的な〝資源〟として個別色の強い風景を生み出しているもととなっている。

　Aさんにとっての懐かしく、また重要な風景の正体はこれだったのだ。

　こうした質的な資源は、そこに浮かぶ唯一性ということまでを含めて考えると、個別性を帯びた居住福祉資源(早川2011)として、今後、本学会での議論の俎上に積極的にのせていく価値があるものと思われる。

今回のフィールドワークでは、Aさんと町の環境の双方に埋もれる"メモリー"が重なり合って浮上してきた姿を捉えることに成功したように思う。T町を構成する環境のそれぞれには「Aさんの原風景感というようなものを醸成する(居住福祉)資源」が宿されていたことは明らかである。

IV　(居住福祉)資源の個別性について

「居住福祉資源」については、『居住福祉資源発見の旅』(居住福祉ブックレット)や『居住福祉』(岩波新書)を繙けば、次のようにまとめられよう。すなわち、複数の"属性"を帯びている地域環境や諸施設であり、且つ福祉的な要素をも宿している環境―資源である、と。

たとえば、高齢者施設は文字通り高齢者向けの福祉施設機能を第一義として有しているのだが、ひとたび災害がおこれば施設が有する給食施設等があることで、被災者に温かい食事を提供できる"(福祉的・支援的)機能"を発揮しはじめる(早川・岡本　1993・早川1997)。

ある目的をもって計画された施設等が、通常の想定とは異なる事態や場面に遭遇した際にこの視点は特に有用になる。そもそも備えている機能をただちに、新たに必要性が高まった別の目的(たとえば救護等)としても転用できるからだ。典型的な居住福祉資源の例といえよう。

日常の場面において、多層的な機能を有している施設等が身近な場所にあれば、万一の場合にも人々の生活を優しく包む福祉資源となりうるというわけである。

商店街などは、日用品等の買い物をすることを第一義とした目的空間であるが、高齢者にとっては店主とちょっと会話をする場所にもなり得るし、下校時の子どもたちの見守り空間にもなる。また、独居者の動向情報を共有するシステムだって備えている。

以上は、多くの人々の今そこにある生活そのものを、直接・間接的にサポートする形の(居住福祉)資源といえるだろう。言い換えると、一般化されやすい(機能性がわかりやすい)資源とも言える。

一方で、「機能」などの観点からはその理解が深められにくいが、"質的"な価値を備えている種類のものとしての"資源"を、本論では新たなタイプの居住福祉資源として採り上げてきた。以降では、(居住福祉)資源の「(機能面からだけで

は表しにくい質的な)個別性」についての議論をさらに深めていきたい。

　まず、前項における、Aさんのライフストーリー（個人的な経験）を参考にすれば、"質的"な(居住福祉)資源は以下のようにまとめることができよう。(**表1、表2**)

　これらは、「○○という行為や行動が可能／○○的な機能を有する」といった類型可能ないわゆる数えられる情報の類いとは異なり、「個別の経験・物語」といった時間の流れのなかで積み重ねられた質的な"資源"として位置づけられる。

　「人」と「環境」とが相互交流を果たすことを契機として"語られ始める(特定の個人にとっての価値を浮かび上がらせる)"類いのものともいえよう。

表1　質的な居住福祉資源の特徴

・「個(人)　－　環境」の対応があってはじめて浮かぶ資源である
・過去の出来事・経験がその場所や環境の中に宿されている
・現在と未来の自分の心身の支えとなる資源である
・他者には見えない、わかりづらい資源の側面も有する
・きっかけがあれば繰り返し語られる性質を持つ
・町が大きく変貌すると消滅する危険性もある。(場所や町の環境との相互交流を直接の契機として語られる機会が失われるため。そうなると写真等を眺めることを通して、地域共同体のなかで思い出を語るしかなくなる。)
・一見、なんの役割もないようなものにも記憶が蓄積されている。例：電柱等
・こころを支え豊かにする居住福祉資源となっている
・ふるさとへの愛着感を形成するもととなっている

表2　質的な居住福祉資源－場所や環境に宿る記憶等について

・家族との物語。繋がりや絆の物語。
・先祖との繋がりを感じる機会の創出や(心の中での)対話が展開される可能性
・恋愛等の"思い出"倉庫として役割。
例：恋人とその場所で経験したことの記憶等
・地域の"思い出"倉庫としての役割。
例：地域に住むさまざまな大人たちに対する記憶。 　　　たとえば、怖い叔父さんが住んでいた家や霊屋敷があった等。
・小学校等の子ども時代の友人との"思い出"倉庫としての役割
例：遊びや怪我したこと等の記憶

仮に、もし町の環境などが大きく変化してしまえば、こうした「語り」の契機となるべき場所や環境そのものが消滅してしまい、個人の経験に根ざした物語が（他者や社会へ向けて）語られる機会はほとんど失われてしまうことは明白であろう。

　「質的な資源」というものは、機能としては目に見えづらいものなのだ。しかし、その場所で一定の時間を過ごす滞在者に対しては、貴重な意味を持ち始める特性を有しているから面白い。Ａさんとのフィールドワークからは、地域への愛着といった役割を有する"資源"としての性質等もはっきりと浮かび上がった。

　この種の居住福祉資源の有する最大の役割は、そこに住まう人の心を癒やしたり、エンパワー等ができることにあるように思われる。そのことが、自分の育った町を訪れた時に"懐かしさ"といったような感情までも引き起こしているだろうことは、ここまでの論からも否定できないだろう。

　そうしたことを考えれば、町の環境が急激に大きく変化するなどした際には、やはり住民の心理にも何らかの負の影響を生むことは疑いのないことと思われる。

　人は大切な思い出とともに人生を歩む。個別かつ質的な居住福祉資源を軽視することは、その町に住み育んだ自らの愛おしい経験を疎かにすることであり、長じて人の心の拠り所といった部分においても間接的にマイナスの影響を与える危険性があることを指摘しておきたい。

Ｖ　まとめ

　町の環境のなかには、ライフステージに応じた個人史が埋もれている。居住福祉資源として、それら資源の質的な部分に注目することの意義は非常に大きい。

　子ども時代に過ごした町などを再訪してみると、そのことはよく理解されるはずだ。本稿を認める以前に居住福祉資源の質的な捉え方や個別性についての基礎的な知見を得るために、筆者は、自らが育った町も訪れている。その際においても、以下のような（町の環境との）相互交流を果たすこととなったのだから。

30年近く離れていた故郷の町は、変化している場所も少なくなく多少驚いた。昔遊んだ"どぶ川"は暗渠になり、隠れ家にしていた"大きな木"は倒れて既に消えていた。しかし、それなりに、なにか懐かしい感じが込み上げる。

　道を移動していると、よく紙飛行機をつくっては屋上から飛ばしていた"マンション"を発見した。当時と変わらない姿なので、すでに築40年超になるはずだ。多少のリフォームがなされていたが、入り口のエレベーター付近の様子などはほとんど同じだ。子ども時代に、そのエレベーターに乗りこみ、屋上へと上がっていっていたときのわくわく感が、急に蘇ってくるから不思議だった。

　さすがに中に入るのはためらわれるため、その懐かしい入り口をパスして次は"大きな川"の方へ向かった。橋にさしかかると、思い出の姿を留める欄干が目に入った。既に幅の狭い新しいタイプへ変わっていたが当時は幅広で、よくその上を平均台のようにして歩いては、地域の大人に見つかって「危ないぞ」と大目玉をくらったものだ。

　待ちに待った最後には、一番のお気に入りの場所に向かってみた。

　僕は、ビルとビルの隙間に生じる狭い通路を通り抜けるのが好きだったのだ。その秘密の小径へと足を運ぶ。なんということだ！　今の自分にはもう到底抜けられず……。

　多少の失望も感じつつの故郷探検であったが無事に終えることができた。筆者はその体験の途中から、自分の体調に関するある変化に気がついていた。町をぐるっと回るあいだに、なにやら心が元気になっていたのである。

　私は自分の育ったこの町のことを、当たり前だがよく知っている。子どもの頃、町のさまざまな場所で友達とあるいは一人きりで、忘れることのできない楽しい経験をひたすらに重ねたのだから……。そんな思い出が、町を移動する先々で次々に脳裏に浮かんでは郷愁を誘い、そのたびに、私の心が暖かいもので埋まっていった。

　質的な(居住福祉)資源の存在とは、考えてみるに、"私"と"町"とを結ぶ〝縁〟のようなものでもあるのだろう。そこには"個"に根ざした町との体験の結び目が確かに形作られている。"町"と"私"の関係は、こんな結び目を頼りに、過去

から現在に至る時間軸のなかを浮き沈みする共通の記憶を抱えて、有機的に繋がっているイメージが最も近いだろう。過去に紡いだ町の環境との相互交流の記憶が思い返されるたびに、だからこそ懐かしい感情もまた私の心に浮かびあがる。このことからは改めて次のことが示唆される。

もし、町の環境が大きく変化した際には、"語る"ためのきっかけを失うことから、もはやその町にどんな"私の"個人史が隠されているのかといったことが、社会に向けて語られる機会そのものまでもがほとんど失われてしまう、という危険性についてである。

Tony Hiss は、著書『都市の記憶』のなかで、人間が周囲の環境と一体的に結びついている様子を"同時知覚"という表現を用いて示し、人が心地よいと感じるそうした"場所体験"の機会が都市のなかに残されていることが重要であると説いている (Tony Hiss 1996)。

ここには、本論で扱ってきた質的な居住福祉資源を捉える際に見落とすことのできない視座が示されている。自分たちの住む町を形作るそれぞれの〝資源〟については、"町に積層する(人々の)記憶に代表される質的な資源性"といった概念をベースとして、理解を進めていく必要性が急激に高まっているということだ。変化の激しい現代都市では、無自覚的にこうした資源が消滅の危機を迎えつつあるのだ。

最後に、居住福祉概念の原点に戻ってみたい。当学会が実現を目指す居住福祉とは、トータルな well-being を前提として、人間の精神活動の安定や知的活動を高める方向に作用する"ストック"環境が町のなかに担保され、あらゆる世代、そして一人一人に対して優しい安心感をもたらすことのできる〝町づくり〟の実現、という高みにまで行き着かねばならないという使命を抱えているものと思われる。

そうした観点から、心の健康・福祉に繋がる、〝資源〟の個別性にどれだけ注意を払うことができるかが、今後の居住福祉学会のひとつの大きな役割どころであろうし、本稿ではその理論的な部分での貢献が少なからずできたのではないかと考えている。

参考文献

Alexander, C. (1984),『パタン・ランゲージ』平田翰那 (訳), 鹿島出版会

粟原知子・熊沢栄二(2002),「『子どもの遊び』にみる『生きた環境』の意味に関する研究―遊びの志向性と遊び場所の関係について」『日本建築学会論文報告集』第558号, pp.175-181

Gibson, J.（1986）,『生態学的知覚論―ヒトの知覚世界を探る』古崎敬他(訳), サイエンス社

早川和男(2011),「生活空間の使用価値と居住福祉資源の構造」東京経済大学会誌『経済学』(269), pp. 83-96

早川和男(2006),『居住福祉資源発見の旅』(居住福祉ブックレット1), 東信堂

早川和男(1997),『居住福祉』岩波新書

早川和男(1973),『空間価値論―都市開発と地価の構造』勁草書房

早川和男・岡本祥浩(1993),『居住福祉の論理』東京大学出版会

木下勇(1996),『遊びと街のエコロジー』丸善

MIZUKI.S, MINAMI.H（2010）, How children perceived their hometown from the viewpoint of local environmental interaction, RITSUMEIKAN Journal of Human Sciences No.20, pp.65-77

水月昭道(2008),「環境に内在する道草」『幼児の教育』107 (7), pp.16-21

水月昭道(2006),『子どもの道くさ』(居住福祉ブックレット7), 東信堂

水月昭道(2004),「子どもの『遊びの場』の構造に関する研究～通学路における道草遊びと道環境とのかかわりから～」九州大学学位論文

水月昭道・南博文(2003),「下校路に見られる子どもの道草遊びと道環境との関係」,『日本建築会論文報告集』第574号, pp.61-68

南博文編(2006),『環境心理学の新しいかたち』誠信書房

室崎生子, 市岡明子(1989),「子どもの遊びの成立にかかわる空間の構成要素と性質に関する研究―京都市内での事例分析から」『日本建築学会論文報告集』第405号, pp.117-127

佐々木正人(1994),『アフォーダンス―新しい認知の理論』岩波書店

仙田 満(1992),『子どもとあそび』岩波書店

田中康裕・鈴木毅・他2名(2005),「地域における子ども・若者にとっての異世代の顔見知りの人との関係：社会的関係からみた地域環境に関する考察」『日本建築学会計画系論文集』(595), pp.65-72

寺本潔(1997),『子どもの知覚環境―遊び・地図・原風景をめぐる研究』地人書房

Tony Hiss（1996）,『都市の記憶―「場所」体験による景観デザインの手法』樋口明彦(訳), 井上書院

居住福祉評論

憲法第 25 条(生存権)と居住の権利
―― 公営住宅を中心に

大本圭野(元東京経済大学教授)

はじめに

　近年のもっとも大きな住宅問題は、一つは、全国的な空き家列島問題である。とくに大都市部において高齢化の増大に連動して空き家の増大が顕著で、地域コミュニティを崩壊させる可能性がある。二つは、戦後の高度経済成長のなかで旧来の拡大家族が核家族化するなか、年金および医療・介護の制度整備と相まってその家族が高齢夫婦世帯、高齢単身世帯となり孤立死が地域のなかで多発していることである。三つは、わが国は一見豊かになったが、視覚化しにくい問題で、都市開発・地域開発さらに災害、法制度の変更にともなう建て替えなどにより移住を余儀なくされ不安な生活に陥ること、つまり強制移住・強制立退きなどが起こっている。これらの問題をどう取り組むか、大きな課題である。

　生きること・生活することの土台・基本条件は、まず住むための居住が確保されることである。わが国では憲法 25 条による生存権が国民の権利として国の義務として一応保障されている。

　ここでは、わが国の生存権における居住の権利がどのように位置づけられているか、居住の権利の担保として公営住宅法が制度化されているが、どのように実行されているのかについて検討する。

I　日本国憲法制定過程(1945 年 10 月～ 1946 年 5 月)と居住に関する規定

　世界の憲法における居住の権利についてみると、スウェーデンでは憲法[統治法典]の「基本原則」として居住の権利が規定されている。すなわちその第一章「憲法の基本原則」の第 2 条第 2 項はこう述べている「個人の個人的、経済的および文化的な福利は、共同体の活動の基本的な目標でなければならない。と

くに、労働の権利、居住の権利および教育の権利を確保し、社会扶助および社会保障ならびに良好な生活環境を促進することは、共同体の義務である。」(阿部照哉・畑博行編『世界の憲法集』有信堂、1991 年、148 ページ、訳文は若干、変更、傍点は筆者)。居住の権利は共同体つまり地域自治体の義務でもあるとしている。アメリカの憲法は、憲法が時代の変化に対応できるように憲法に修正条項をつけて補充することで、憲法を変える必要をなくしている。

(1) GHQ 憲法草案と居住に関する規定

①日本国憲法制定は、1945 年 10 月に GHQ の政治顧問アチソンの示唆を受けて、日本側で憲法(明治憲法)改正の検討準備に入ったのが始まりである。だが、松本蒸治国務大臣を中心とする日本側の憲法改正案(1946/2/8 提出)は、ポツダム宣言にのっとらず明治憲法の天皇主権を残したままの憲法改正案であったがために、占領軍の認めるところとならず、マッカーサーによる「総司令部案」として憲法草案が提出されることとなった。

②憲法の総司令部草案(1946/2/13)が日本政府へ提出される

GHQ 案(総司令部草案)のなかで土地・住宅関連では重要であり興味深いことは、①土地規定が存在した、②生存権規定は存在しなかったことである。日本側の対応では、「社会主義的」として松本穣治大臣によって土地規定を削除された。

詳しくは、マッカーサー草案は第 28 条において土地の国有化案を提起した。すなわち「人民の権利及び義務」規程の 28 条において「土地及び一切の天然資源の究極的所有権は人民の集団的代表者としての国家に来属す、国家は土地又は其の他の天然資源を其の保存、開発、利用又は管理を確保又は改善する為に公正なる補償を払ひて収容すること得」とされたが、松本国務大臣によって削除された(高柳賢三・大友一郎・田中英夫編著『日本国憲法の制定過程Ⅰ 原文と翻訳―連合国総司令部側の記録による―』有斐閣、1972 年、279 ページ)。

③新憲法 25 条の生存権規定と居住の権利

GHQ 案を取り入れた日本憲法案(1946/3/2)提起、政府・GHQ の共同研究の開催をへて、政府は最終案・憲法改正草案要綱(1946/3/6)を発表、GHQ も承認。

GHQ のマッカーサー案のなかには生存権規定はなく、芦田均を委員長とする憲法改正案小委員会の社会党委員の鈴木義男、森戸辰男議員らが生存権規定

を強く主張したことによって挿入した条項である[1]。

この点について「憲法研究会」の委員であり、『憲法改正案要綱』(1946年12月26日公表)を起草した鈴木安蔵氏は、自書『憲法学30年』(評論社、1967年)で、以下のように述べている「現行憲法第25条第一項の規定のごときも、マ草案には欠けていたものである。それは、われわれの草案の『国民は健康にして文化的な生活をいとなむ権利を有す』にさかのぼりうるものである」(同295ページ)としている。なお、居住関連条項として憲法12条「幸福追求権」(GHQ案24条)がある。

憲法25条第1項は、「すべての国民は、健康で文化的な最低限度の生活を営む権利を有する」、第2項は、「国は、すべての生活部面について、社会福祉、社会保障及び公衆衛生の向上および増進に努めなければならない」という「生存権」の規定がなされた。憲法の生存権は、簡明に成文化されているだけに現実的な確保=担保について問われることとなる。

生存権を現実的に担保する制度として「生活保護法」(1946年)が立法化された。「健康で文化的な最低限の生活」のなかには人間の固有の権利として「居住の権利」が当然含まれると解釈され、また公営住宅法がそれを担保するものと考えられる。

そこで、その具体化として生活保護法のなかに「住宅扶助」事項が盛り込まれた。しかし、生活保護受給者を対象とする住宅扶助であって、その現実的実施の内容は、家賃扶助および生活保護法にもとづく救護施設であり、一般の住宅困窮者には適用されない。

朝日訴訟において、当時の生活保護基準は低すぎるとして憲法25条1項に反するとした訴えに対し1967(昭和42)年の最高裁の判決[2]では最低生活基準は抽象的・相対的であり具体的内容は厚生大臣の合目的的な裁量に任されており、憲法違反ではないとした。この判例を機に「生存権」は、権利・義務規定ではなくプログラム規定[3]であるとされた。そこで、居住の権利もプログラム規定として取り扱われると考えられている。

生活保護法に含まれる生存権としての「居住の権利」は、経済的扶助としての家賃扶助によって保障とするものであるが、人間の尊厳が守られる居住空間の確保も入らなければならないが、空間に関して生活保護法のなかには特段の規定はない。他方、それを担うのが公営住宅法であろう。

日本の生存権保障である生活保護法は、経済的保障で生存権を担保しうるとする考え方であると解釈される。しかし日本の高地価問題および住宅事情のもとで尊厳としての居住空間を確保することはかなり困難である。

　建設省住宅局住宅総務課・住本靖『新公営住宅法 逐条解説』(商事法務研究会、1997年)では、総論の冒頭に「公営住宅法は憲法25条をうけて"国民生活の安定と社会福祉の増進に寄与すること"を最終目的として制定されたものであることは明らかである。もとより、憲法25条の理念は公営住宅法によってのみ達成されるものではなく、他の社会福祉施策や社会保障施策など幅広い施策によって実現されるものである。しかし、この生存権の達成のために、公営住宅制度に重要な役割が期待されていることは確かである。」(同、5ページ)と指摘されているように、生存権の保障に公営住宅法が期待されていることは確かである。とするならば、公営住宅が国民の健康で文化的な最低限居住が保障となっているかが検証されなければならないであろう。

　もっとも、最近の同じ国土交通省・住本靖・井浦義典・喜多功彦・松平健輔『逐条解説 公営住宅法』(ぎょうせい、2008年)では、「低額所得者を対象とする公営住宅の供給を恒久的な国策として確立するとともに…」(同、2ページ)とあるのみで憲法25条とのかかわりについては触れていない。

II　アメリカ占領政策における住宅政策の方向

　①GHQの占領政策における住宅政策は、ニュディーラーによるニューディール政策を参照して「公営住宅」と「住宅資金融資による持ち家」が推進された。とくにGHQによって日本に特殊金融が進められ、そのなかに住宅金融が含まれていた。

　②GHQによる戦前の「営団住宅」の在り方に関する提案

　GHQは占領政策としてまず戦争遂行組織を解体させた。その組織のなかに「住宅営団」も含まれていた。GHQは、是が非でも全てを解体するのではなく、国民生活に必要なものは日本政府が申し出れば選択可能とされる提案であった。だが、日本政府は、「住宅営団」を取りつぶしの選択をとったのである。それには、当時、住宅政策を担っていた戦災復興院では、営団を公共住宅として残したかったが、大蔵省が財政的理由で残すことを反対し、居住者に売却することを選択した。戦災復興院では、次善の策として持ち家のための住宅金融公

社、低所得階層への公営住宅を構想し（衆議院建設委員会議録第2号、1949年11月11日、伊東五郎政府委員＝建設省住宅局長の国会答弁）、その後実施されていった。ここで日本の住宅政策の骨格方向が決まったのである。

Ⅲ　わが国の住宅政策形成と居住の権利

　居住の権利の内容について、国連の社会権規約委員会が示した「適切な居住に対する権利」(1991年)が基本的要件となろう。それは、a．占有権、b．健康・安全・快適さ、栄養摂取に必要な設備をもつこと、サービス・物質・設備・インフラなどの利用可能性（安全な飲み水・調理・暖房・照明のエネルギー、衛生、洗濯設備、ゴミ処理、排水、緊急サービスなどにアクセス）c．住居費の支払い可能性（アフォーダビリティー）、d．居住可能性（ハビタビリティ：適切なスペースと健康の守れる可能性、e．アクセス可能性（社会的に弱い立場の人々、災害を受けやすい地域に住む人々など、住居を優先的配慮されるべき）、f．立地（社会設備へアクセス可能性）g．文化的相当性（住居の建築される方法、建材資材、住居の多様性が可能にする）、h．強制立退きの禁止、などである。

　以上、人権規約委員会が指摘しているように、「居住の権利」は多元主義的権利である。これらにもとづきわが国の居住の権利の段階的形成をみてみよう。

(1)第一段階　借地借家の継続居住の保護（借地借家法1921年制定）、地代家賃値上げの抑制（家賃統制令1939年）

　借地借家法は、借地および賃貸住宅の居住者を正当な理由なくして強制的立退きを禁止した法で、居住者の継続居住を保護した住み続ける権利の保障である。1921年に制定され、何度か改正がされたが現在に至っている。だが、2000年から新規の貸借には定期借家制度が導入され新たな問題が発生している。

　また戦時時代に、地代家賃の値上げを抑制し住居費負担を保護した地代家賃統制令（1939年）が制定され、戦後も引き続き1986年12月31日まで効力を有し、失効した。

(2)第二段階　持ち家政策による「居住の権利」の無視──農地改革をもとに都市の土地改革をめざした宅地法の構想と挫折

　GHQによる戦後改革の一つに農地改革がある。戦前の小作地を解放して自作農を創設した。社会党政権の片山均内閣の時期に、戦災復興院内の土地局

スタッフは農地改革を契機に都市における土地・住宅問題の改革をねらって1946年9月から検討に入り1947年9月に宅地法案を完成させ国会にかける準備をした。しかし、大蔵省によって財政的に困難として法制化には至らなかった。戦後直後の五大改革にひきつづき日本の土地・住宅問題が取り上げられ内閣立法として行政内において真剣に法案が検討されたのである（拙著『戦後改革と都市改革』日本評論社、2000年）。

他方、戦後の住宅政策は1945年の出発から持ち家政策が政策の主流であった。持ち家政策では、家という建物を供給することが中心であって居住は「自己責任」とする政策思想で、居住の権利は無視された。GHQの指示のもとに住宅金融公庫法が1950年5月に制定される。

(3) 第三段階　生存権・居住の権利を担保した生活保護法(1950年5月)・公営住宅法(1951年6月)の問題点

①生存権保障としての「居住の権利」を担保する政策が公営住宅であるとしても、日本の住宅事情の実態からすると、住戸数は、入居希望者からみて過小すぎる。入居倍率39倍にも及んでいる地域がある。

②公営住宅法の内容は差別的である

公営住宅と公団・公庫の両者には居住空間の建設基準にかなりの差がある。公営住宅は低所得者が居住するので低い基準とする「貧乏人は狭い家で我慢すべきだということではないでしょうか」としている（拙著『証言日本の住宅政策』、日本評論社、1991年、277ページ）。生活保護法では、無差別平等を謳っていたが公営住宅の基準では平等が確保されていない。

③限られた社会的資源を特定の者が長期居住することが不平等であるとする。

また入居の所得基準（高額所得者、収入超過者）を厳しくすることにより住宅困窮世帯を入れようとしている。

(4) 第四段階　最低住居基準以下住宅の解消努力

1965年の住宅宅地審議会答申で「住宅基準」の提案が本城和彦東大教授によってなされた。それをうけて住宅建設計画法(1966年6月)が制定され計画的な住宅供給にあたり「最低住宅水準値」、「平均水準値」の目標が導入された。以降住宅建設5カ年計画に組み入れられ、全国および地域別に最低基準未満住宅の数値が推計され発表されていった。

(5) 第五段階　新自由主義のもとでの公営住宅の払い下げ、縮小、高層化

この期間、戦後史を二分する政策思想の転換が起こった。すなわち、1974年第一次オイルショックの後、福祉国家の解体が始まり新自由主義が政策思想の中心に座ることになる。

イギリスでは、福祉国家形成に先鞭をつけるなかで戦後、公営住宅を大量に建設し、全住宅の35％〜37％も占めるにいたった。だが、1970年代後半以降サッチャー政権は新自由主義政策を実践して公営住宅を居住者および民間に払い下げをおこなった。政権が終わった1990年代にはそれでも公営住宅は約17〜18％を占めていた。

ひるがえって、日本では1980年代初期から中曽根政権の新自由主義政策によって、戦後形成してきた公共政策が規制緩和され、公共資産の民営化が行われた。住宅関係では住宅金融公庫法の廃止、公団・公社の民営化、都市計画の緩和、など。公営住宅は払い下げには至らなかったが住宅建設の縮小で新規の建設は皆無となった。そして老朽化した低層の公営住宅が高層に立て替えられかろうじて住宅戸数を確保していった。

建て替えによる問題は、建て替えのさい人生の半分以上を住んできた住居から、強制的立ち退き・移住を強いられる点である。それなりの配慮がなされてきたが、それでも移住を余儀なくされた人が数多くいる。

高層化による問題としては、ヨーロッパでは住宅の高層化は居住環境として望ましくないということで建設されていない。住宅の高層化は、①居住環境として人間の脳神経の作用に好ましくないという研究がオーストラリアで明らかにされている。②遊び方を知らない子どもが増大する、③高齢者が家に引きこもりがちになる、④コミュニティを形成しにくい、⑤高層建物は、地震の低周波震動により崩壊する危険性が指摘されている。

こうした動きを受けて、2006年の住生活基本法の制定によって、住宅建設計画法の廃止と同時に最低住宅基準も廃止・削除された。住生活基本法のなかには住居の最低基準、標準基準も盛り込まれていない。

(6) 第六段階　巨大震災による被災と「居住の権利」の前進

居住の権利が前進するのは、巨大地震によって住居を失う多くの被災者がでたことによって政府は、渋々と住宅再建補助をするようになってからである。阪神・淡路大震災では、個人の私的な財産である住宅に公的資金を入れること

は出来ないとしたが、鳥取県が鳥取西部地震のさい、住宅再建に300万円の支援をしたことをきっかけに、その後のたびかさなる震災被害をへて2007年から政府による住宅再建の支援が開始された。

1995年1月17日　阪神・淡路大震災
　　政府は、私有財産である住宅の再建を支援しないとした。
1998年5月　被災者生活再建支援法(住宅再建を認めず、上限100万円の生活支援とする)
　　[経緯：この法律は阪神・淡路大震災をきっかけに制定された法律である。被災地では、住宅を失った被災者から公的補償の実施を望む声があったが、私有財産に公費を投じる施策に抵抗があり、当時の村山富市首相は「自然災害により個人が被災を受けた場合には、自助努力による回復が原則」であると発言している(1995年2月24日衆議院本会議より)。神戸市の「コープこうべ」が「地震災害等に対する国民的補償制度を求める署名推進運動」を展開し、小田実氏も国会で「被災者を根本的に救うためには公的援助が必要である」との参考人意見を述べるなど、神戸の市民運動により法律にしていった]
2000年10月17日　鳥取県西部地震　被災者に同県が上限300万円の住宅再建支援
　　[経緯：片山善博鳥取県知事は「鳥取県西部地震被災者向け住宅復旧補助金制度」を設け、私有財産であれ住宅関連費用を公金で支援]
2004年10月23日　新潟県中越地震
　　同年3月　被災者生活再建支援法改正　生活支援を上限300万円に引き上げたが、住宅を対象としない。
2007年3月25日　石川県能登半島地震
　　同年7月16日　新潟県中越地震
　　同年11月3日　被災者生活再建支援法改正、住宅を対象とする上限300万円支援　能登半島地震に遡り適用
2011年3月11日　東日本大震災、原発被災

　災害と公営住宅について、近年、巨大災害が多発するなか仮設住宅に住まなければならない状況が多くなり、憲法25条により公営住宅は緊急の生存を保障する住宅とならざるを得ない。阪神・淡路大震災の経験から、震災公営住

宅は居住期間20年とされているが、20年で移転できない人は、どうするのか、行き場のない不安な生活を余儀なくされている実態が明らかにされている。憲法25条から居住の権利が出てくるが、プログラム規定とされ居住の権利は棚上げにされる危険性がある。理念として大事であるとされても、実際は無視されがちな現状は早急にあらためられるべきであろう。

おわりに――戦後住宅政策破綻と21世紀の展望

(1)住宅建設主義の破綻による空き家問題と新しい創造

公営住宅の多寡にかかわらず生存権との関係で、政府は社会・経済的状況および高齢化、災害などで緊急的に公営住宅的なものを常に保障しなければならない義務がある。戦後住宅政策の中心が住宅建設計画法による量的確保主義であり、それは経済成長に従属する政策であった。それゆえに毎年住宅建設が際限なく継続した。その建て方は、物理的耐用年数がくる前の経済的耐用年数で建てられるので――たとえば物理的耐用年数が40年のところ20年の経済的耐用年数で建てるので――社会全体の住宅耐用年数が短くなる。その結果は、わが国で既に1949年の建築基準法施行後の基準緩和とあいまって、他国に比較すると耐用年数が極めて短い住宅が累積することになったのである。しかし耐用年数が短いほど、生涯に何度も家を建て替えねばならなくなり、結果はGDP（国内総生産）の拡大につながっても、社会的コストおよび個人の生涯における費用負担は増大する。高齢期になり高齢者にとって建て替え費用を捻出することは非常に困難となる。

(2)階層的・コミュニティ不在の住宅政策の破綻

戦後の住宅政策は、低所得者を対象に公営住宅、中所得者に対して持ち家のための公的住宅金融融資および公団住宅・公社住宅の賃貸、分譲住宅の階層的住宅供給を行ってきた。それは住宅不足を解消するとことを目標とする核家族への建物の量的供給中心政策であった。

そうした政策が本格化した1960年代から半世紀を経た現在、核家族から単身および夫婦2人世帯が全世帯の約53％、単独世帯のみで約33％を占めるようになった。公営住宅では入居の所得基準が厳しくなり、子世代と住む高齢者は所得が高いことで転居をせざるをえない状況になる。長年住んだ家を離れることは知人・友人・見慣れた環境から分かれることとなる。そのさい、子世代

が転居することで所得を下げることを選択する。その場合、80歳代後半の高齢者が一人住むことになる。高齢になればゴミ捨てや清掃および地域の自治会活動もむつかしくなる。一人生活になれば公的サービスも必要となろう。それだけでなく、淋しさのために精神不安や引きこもりがちになり、病気やその悪化につながる危険性すらある。

　公営住宅の入居基準を高齢社会にふさわしい基準に転換する必要がある。所得制限は、住宅の量的不足時代に決められたことであって、現在のような住宅過多であってみれば、老人・壮年・青少年・子どもが一緒に住め、多世代が集える住空間とそれに相応しいコミュニティ（＝人間本来の暮らし方・住まい方）を創造するモデルとなる公営住宅政策を考える必要があろう。

　理論的には、近代個人主義である"たった一人の個人"を越える"一緒に生きる諸個人"、"共に生きる諸個人"へ、そして20世紀がめざした"自己実現＝自己発展"から"相互の自己実現＝相互の自己発展"につながる人間像、生活像をみたすコミュニティ政策に転換することが21世紀の在り方ではないであろうか。

　このことに関わって最後に一言述べておきたい。すでに述べたようにわが国ける住宅政策が持ち家を中心とする政策であって、誰もが住宅困窮した場合に公的に人間の尊厳としての住居、生きる基本となる住居の保障をするという原理的認識はほとんどみられない。憲法25条の生存権保障と明記されているが、それはあくまでもプログラム規定にすぎないとされて生存権の保障にはなっていない。住居においても公営住宅が生存権の担保するものといわれながらも実態としては、権利としての居住の保障にはなっていない。むしろあたかも日本国民に居住の権利が保障されているというアリバイづくりに供されているにすぎない。現在においても公営住宅応募倍率の高いことからして居住の権利の保障のニーズは高いといえる。そのことはとりわけ母子世帯、障がい者、ホームレス、低所得者など社会的に弱い立場の人びとが住居において苦しめられているだけにそのニーズにはさらに高いものがある。

(3)居住の権利を実現する可能性について

　常識的にもまた理論上も居住の権利は生存の権利であると考えられる。つまり生存権のなかに居住の権利を含んでいると考えられる。生存権のなかに居住権を含むとした立場にたったとすると、生存権保障がプログラム規定説に立っている限り居住の権利もプログラム規定説に従うことになる。だが、プログラ

ム規定は、第一次大戦後のドイツの財政的困難な状況から生み出されたものであり、第二次大戦後の世界的な高度経済成長をとおして福祉国家形成し社会権を実践してきたドイツをはじめ日本において、社会的努力により進歩させてきたはずである。

　以上から、争うべき事項があって始めて具体的な法的権利が発生する。こと居住に関しては公営住宅法という具体的法律があるので、具体的法的権利が発生するはずである。従ってそうでないか否かは裁判で争うことが可能であろう。

　争うには、居住の権利実現として現行公営住宅法の政策実践が生存権を体現していない違反、違憲であると争うことが可能であろう。

　また、居住の権利に関して、国民の尊厳としての居住を単一の公営住宅のみで保障することはきわめて限定的である。居住の権利が多元主義的権利であるため社会権規約委員会が示す「居住の権利」の内容に即して、権利実現に向けて争う必要があろう。

　阪神大震災を経験するなかで熊野勝之氏をはじめ法律家は、日本において「居住の権利」が奪われているとして詳細に分析し問題提起している(『奪われた「居住の権利―阪神大震災と国際人権規約』株式会社エピック、1997年)が参考となる。

　20世紀の先輩たちの成果をふまえ21世紀において確かな一歩を踏み出すためにも、以上のような争訟構想が求められているのではないだろうか。

注

1　生存権規定の挿入について、鈴木義男氏が次のように、その「ワイマール・モデル」に基づく憲法修正の意図を説明している。「それから第25条第1項、これが原案になかったのでありますが、これは当時の社会党の森戸辰男さんと私とで相談をしまして、ぜひ一つこれを入れてもらいたい。これはドイツ憲法では、人間に値する生活、メンシェンヴュルデイゲス・ダアザインという憲法の規定があって、実にわれわれをして感奮興起せしめたものでありますが、日本でも一つ、ああいう規定がなくちゃおもしろくないというので、人間に値する生存を保障するというような言葉にしたいと思って、それじゃあまり直訳外国語を聞いているような気がしますから、そこで考えた結果、"すべての国民は、健康で文化的な最低限度の生活を営む権利を有する。"こういう言葉に直したわけでありますが、とにかくこれは我々が希望して入れていただいたわけであります」(鈴木義男「私の記憶に存する憲法改正の際の修正点——参議院内閣委員会における公述速記」第24回国会参議院内閣委員会会議録

第 38 号、所収）

　もともとプログラム規定説は、ドイツのワイマール憲法に発するとされている。憲法には多くの社会権や請求権の規定をもっているため、訴訟の頻発に対する対応の困難さと、世界第一次大戦の敗戦国であるドイツには財政的に対応が困難であったため、プログラム規定という解釈を導入することで、国家の負担を回避しようとしたものである。

2　「①憲法第 25 条 1 項は、直接国民に具体的な権利を与えるものではなく、それは生活保護法によって与えられる。②厚生大臣の定める保護基準は、憲法第 25 条の『健康で文化的な最低限の生活』を維持できるものでなければならないが、この生活水準は抽象的、相対的で、その具体的内容の決定は厚生大臣の合目的的な裁量に任されており、ただ裁量権の踰越(ゆえつ)、乱用の場合のみ裁判所の審査の対象となる。③本件の保護基準は裁量権の踰越・乱用は認められない（要旨）」（昭和 42 年 5 月 24 日）

3　最低生活の保障である生活保護法は、憲法 25 条では国民の権利とされているが、実定法上ではプログラム規定説を採用しているとして厚生・労働省で運用されている。生存権規定に関する解釈には諸説がある。プログラム規定説とは、憲法 25 条は国民の生存を国が確保すべき政治的、道徳的目標として定めたにすぎず、具体的な権利を定めたものではない、とする考え方である。つまり、国に課されている生存権を実現する義務は、努力すればよい、すべての国民に必ずしも最低限度の生活を保障しなくてもよい、それに向けて努力してさえいればよい、という考え方である。この説では生存権を保障するかどうかは、厚生・労働省の裁量にまかされる。この解釈は「憲法棚上げ論」であると思われる。しかし、それ以外に有力な説として抽象的権利説、具体的権利説がある。抽象的権利説は、生存権を具体化する法律があってはじめて訴えを起こすことができるとする考え方である。生存権を 25 条にもとづいて訴えることはできないとするもので、現在の学会の主流的解釈である。具体的権利説は、朝日訴訟、藤木訴訟を提起した立場で、25 条にもとづいて訴訟を起こすことができるとする考え方である。そこで生存権に対する国民の権利性を認めるべきであるとする。具体的権利説は、プログラム規定説に比べて強く生存権を保護する考え方である。

海外情報

岐路に立つ韓国の賃貸借制度・チョンセ制度

ジュディ・パク（適正住宅研究所アナリスト）　翻訳・解説 髙島一夫（日本借地借家人連合）

※本稿はジュディ・パク氏が国際借家人連合機関誌「GLOBAL・TENANT」2014年12月号に寄稿されたものである。韓国は他に例を見ない独自の賃貸借契約制度を有する。韓国は「若年層の貧困化」、「少子高齢化」、「劣悪な住宅事情」とわが国と共通する問題を多く抱えている。私たちはこうした問題の解決に向けて、韓国の住宅制度等をより詳しく知る必要がある。また読者が理解し易いようパク氏の翻訳文の後に簡単な解説を加えておいたので参考にされたい。

　韓国で賃貸住宅を保有することは、往々にして巨額の金銭、数十万米ドル（数千万円）の資産の保有者であり、貸付者であることを意味する。こうしたチョンセもしくは貸付者、家主への保証金預けの制度はその起源を五百年以上前に遡ることができ、第二次大戦後の1960年代に韓国に根付いた。チョンセは国際的にもユニークな建物賃貸借契約であり、同様の制度はイランだけに見られる。借家人が預ける保証金の金額は一般的に不動産価値の40％から60％で、ほとんどが二年間の賃貸借契約である。家主はこの金を二年後の期間満了で借家人に全額返還するまで、無利子で投資に充てることができる。しかし家主が返還時に保証金を返却しないか、できない場合もあり、約十分の一の家主が返還していないと推定されている。

　チョンセは家主らには利率が高ければ高いほど良い取引で、無利子の借入金である。家主はこの資金を投資し、または別の不動産購入に充てることができる。チョンセは当初は適切な貸付機関がないことから不動産購入資金の融資を意図したものであった。もし借家人がチョンセ資金を家主に渡して賃貸借契約すれば、彼らは家賃なしで借家に住めて家賃分を貯金できるという借家人にも良い取引である。

　勿論チョンセ資金を集めることは容易なことではない。一般的なチョンセの金額は20万米ドル（約2,400万円）で韓国の平均的な世帯が4年がかりで貯める

ことができる金額である。それにもかかわらず、多くの韓国人家族がこの課題に取り組んでいるように思われる。普通の月額家賃制度はウォルセと呼ばれて実際に行われているが、あまり人気はない。韓国では「ウォルセは金の無駄使いである」とされており、「ウォルセを利用する程の貧しさは恥」とされている。チョンセとウォルセの利用者数の現在の比率はチョンセ60に対してウォルセが40である。

　韓国で都市化と産業化の黄金時代が始まった当時はチョンセは充分機能していた。しかし時代は変化している。現在は韓国の成功のための2つの必要条件──「高金利と住宅価格の上昇」はもはや明らかに存在しない。そこで家主らは不況の続く住宅市場でチョンセへの需要が打撃を受けている間に、チョンセ保証金の値上げか、資金の全てをウォルセに移行させるかのどちらかの選択し始めている。

　韓国の近年の人口動向に見られる厳しい状況はチョンセにより更に悪化するかもしれない。2011年に経済の専門家らはチョンセを「韓国人の結婚と出産を困難にしている要因」と認めた。これは一見して飛躍していると思われるが関連性はある。韓国には「花婿らは結婚に際しては一戸建て住宅かマンションを持つものとする文化」がある。多くの人々は財政的に可能となる時期まで結婚を先延ばししている。韓国女性らの間での教育水準の上昇志向と職業的向上心が結びつき、女性の初婚年齢は1990年以降には5歳も伸びた。韓国の出生率は先進諸国間では最低の1.24人である。そのため政治家らは国営の低額家賃の住宅供給を増加させ、チョンセからウォルセへの移行や持家に誘導する減税政策や、住宅購入計画や住宅購入資金融資制度の改革を導入することでウォルセへの移行を支援している。

　チョンセに今後中心的な地位を失っていくであろう。韓国では今まで長きにわたり住宅価格と利率が低迷し続けてきているが、ウォルセの方がより多く収益をもたらしているからである。一部の家主らはまだかなりの巨額であるが、保証金額を少し引き下げて、毎月の低額の家賃と共に受け取るチョンセとウォルセとの中間の道を選択している。この混合方式がどうなるかは──それが運良く満足のいく中間的手段となるか、あるいはただチョンセ消滅への歯止めになるかどうかであるが──大変興味深い。

解　説

高島一夫

(1) 韓国の不動産バブル破綻下でのチョンセとウォルセ

　チョンセとウォルセの違いは前者が巨額の保証金(不動産資産価値の5～8割)を預かり家賃無しで貸すのに対し、後者はチョンセの十分の一程度の保証金とその2～15%程度の家賃を取る点が異なる。最近のソウル市周辺で展示の賃貸物件の「チョンセ」の事例では、専用面積85平米(4LDK)、保証金3億ウォン(4000万円)、「ウォルセ」の事例では、専用面積56平米(1LDK)、保証金2000万ウォン(260万円)、家賃100万ウォン(13万円)となっていた(*両物件共に建築年は2000年代前半であった。)。いずれにせよ、韓国での建物賃貸借に際してはチョンセで1000万円以上(3000万円を超す例もある。)、ウォルセは50万円以上500万円程度の保証金が必要である。韓国での住宅価格は、大企業の社員の年収約580万円で住宅価格が2400万円なら年収の4倍程度となるが、国民の平均的な年収215万円(『プレジデント』誌2007年12月号)とすれば年間所得の約11倍となり、先進諸国の年間平均所得の4ないし5倍をはるかに超える。

　1960年代から80年代までソウル市周辺で都市化が進み、2000年には全人口の約50%がソウル首都圏に集中していた。そのため土地、住宅不足からの家賃や住宅価格の高騰が続いてきていた。1980年代には土地価格が年間20%から30%も上昇し、2000年代の初めから中頃にかけマンション価格は10%から30%も上昇した。2009年のリーマン・ショック時を除いて住宅価格の上昇は続いたが、2010年から価格の下落が始まる。

　やがて住宅価格に対する保証金の割合と家賃が上昇し始め、全国の住宅価格に対する保証金割合は2008年の42%から2013年には65%に上昇した。ソウルや首都圏は2008年頃から住宅価格が下がり出し、チョンセにとって事態は悪化した。さらに韓国中銀の政策金利は2000年5月の5.25%、2008年の4%を最後に3%台へと下落し、2012年に2.75%、遂に2014年に輸出不振、ウォン高対策のため大幅に切り下げられて、2.25%から2.00%になった。こうして韓国では長期の不動産不況による住宅価格の下落と大幅な金利引き下げによりチョンセからウォルセへの劇的大転換が始まった。パク氏はチョンセとウォ

ルセの比率を 60 対 40 としていたが、10 年前の 2004 年当時の資料ではチョンセ利用者数は 31.6%、ウォルセ利用者数 14.2% であり、比率は 60 対 24 であった。つまりウォルセがこの間に約 66％ も増えたことになる。(建設交通部『都市居住世帯住宅実態調査』) 2010 年での持家率は 56％ で、2008 年に住宅普及率は 100% を超えて 2013 年に 102.3% となった。その一方で住宅購入層人口(35 歳から 54 歳)が 1991 年の 1673 万人のピーク時以降は減少し始めている。これまでの景気活性化のための大規模団地開発やニュータウン開発は長らく成功していない。多くの住宅購入層(35 歳より 54 歳)は、こうした事情から住宅価格の上昇に期待を持てなくなり、住宅購入やチョンセからウォルセのような建物賃貸借に方向転換している。

(2)超低出生率の諸原因

出生率は 2005 年には OECD34 カ国での最低水準である 1.08 人を(「超低出生率」)を記録し、2013 年でも 1.19 人(日本 1.30 人)であった。韓国統計庁は人口増加率が 2031 年からマイナスに転じ人口減少が始まると予測している。「超低出生率」には晩婚化と晩産化が影響していると考えられる。高安雄一氏は 2008 年頃の韓国の少子化状況をアンケート形式で調査している。それによると韓国では 1970 年代から晩婚化が進行しており、女性の平均初婚年齢は 1972 年の 22.6 歳が 2003 年には 28.3 歳と高くなっている。男性の場合も 1972 年の 26.7 歳から 2008 年に 31.4 歳となっている。

住宅価格は 2000 年代から上昇し始めていたが、2008 年でのマンション売買価格は 2001 年末と比べて全国で 94.4%、ソウルで 150.5% 上昇し、チョンセ保証金も全国で 54.6%、ソウルで 55.3% 上昇した(国民銀行『全国住宅価格動向調査』)。

パク氏が報告されたように、晩婚化は女性の職業的上昇志向が原因のひとつであると見られる。それは高安氏のアンケートでの「結婚経験のない、28 歳以上の女性への独身である理由」の回答として、「結婚する必要性を感じない」が 54.2% であった。これは同じ質問への日本女性の回答の、13.5% と大きく違っていたことからうかがえる。また教育費やチョンセや住宅価格の非常な高さも韓国人の結婚、出産の大きな障害になっている。

高安氏の調査での「希望する子供数は何人までか」では、最多は子供 2 人で 59.7% が希望していた。しかし、子供を増やさない理由のトップは「子育てや

教育金がかりすぎるから（79.7％）」であった。

　2013年に出産した母親の平均年齢は31.84歳と2012年より0.22歳上昇した。平均出産年齢は毎年更新中で晩産化が進んでいる。原因は「晩婚化による母親の高年齢化と子育て、教育費による負担の重さ」であった。教育費の高さは、わが国よりもはるかに高い大学進学率81.9％（2009年、OECD, FACTBOOK）で想像できる。現在20代、30代の若者が所得の30％以上を家賃に支払う「レント・プア」として、全世帯の6％を占めており、その半数は若年層であると言われている。韓国の若年層（15歳から29歳）の失業率は8.0％（韓国労働統計院『2012年海外労働統計』）であるが、「15歳から24歳の若年就業率」は23.0％と日本の39.2％、米国の45.0％よりかなり低い。加えて2011年の「ニート」と呼ばれる非労働力の数は2000年の約2倍の100万8000人であった。全若年労働者中の非正規労働者数の割合は2011年には34.0％を占めたが、彼らの平均所得は正規労働者の約六割に過ぎない。

　このように韓国の超少子化の原因は、高い住居費と教育費の負担が重いことに加えて若年層に低所得者の少なくない韓国の社会的・経済的事情によると考えられる。

「解説」の参考文献
（1）
・Homes navi（韓国ソウル賃貸物件情報サイト）2014　http://korea.homesnavi.com/dir/
・平均年収．JP（韓国の平均年収）　http://heikinnenshu.jp/country/korea.html
・WEB金融新聞（世界各国の平均年収）2007 http://www.777money.com/torivia/torivia4_4.htm
・キム・スヒョン　（『居住福祉研究』13「韓国の住宅政策と居住福祉政策」2012・5）東信堂
・2ちゃんねる（韓国経済 IMF が警告「韓国賃貸住宅の保証金は危険レベル」）2014　http://awabi.2ch/net/test/read.cgi/news4plus/1392091134
・韓国経済.com（構造改革で不動産バブルを阻止せよ）2014　http://kankoku-keizai.jp/?no-=17286
・REUTERS　（韓国中銀の政策金利の推移 1999 － 2014・11）2014　http://jp.reuters.com/article/marketsnews/idJPL3NOT31LQ20131113
・ジョン・ホンギュ　（『居住福祉研究』11「韓国の住宅政策と居住福祉政策」）2011・

5　東信堂
・韓国経済 com（韓国経済：不動産市況の回復なしに景気回復はない）2014
　http://kankoku － keizai.jp/?no=17286
(2)
・聯合ニュース（韓国再び超少子化に、出生率 1.19 人）2014
　http://japanese.yonhapnews.co.kr/headline/2014/02/27
・高安雄一「アンケート調査から読み解く韓国における少子化の要因」
　www.8.cao.go.jp/shousi/cyousa20/hikaku/pdf
・ナム・ジェリャン「韓国の若年者雇用問題の核心課題と政策方向」2013・9
　労働政策研究・研修機構（第 13 回日韓ワークショップ報告書・『若年者雇用問題報告書』）　www.jil.go.jp/foreign/report/2013_

学会活動

兵庫県高砂市で「入浜権宣言 40 周年記念集会」

神野武美（居住福祉学会理事）

入浜権を「環境正義」として再確認

 2月21日、兵庫県高砂市に市民や市議、研究者、マスコミ関係者ら約50人が集まり、「入浜権宣言40周年記念集会」が開かれた。「入浜権」は1970年代、海岸の埋立地を占拠した企業による公害問題が発生し、それに対するものとして、高砂市の住民運動のリーダー高崎裕士さんが唱えたもの。1975年2月の「海を活かしコンビナートを拒否する東京集会」で、「入浜権宣言」が採択された。「入浜権」は全国の公害反対運動にも広まり、法律学、民俗学、社会学、環境計画学など学際的な展開も見せた。しかし、公害問題の沈静化もあり、いつしか休止状態に。ところが、2010年、高砂市の総合計画の基本構想案から「入浜権」に関する記述が消されたとする新聞記事をきっかけに、危機感を抱いた市民や研究者らは2011年2月、「入浜権運動をすすめる会」を再発足させ、日本居住福祉学会も同年5月に「入浜権部会」を設置した。おりしも、同年3月の東日本大震災は、沿岸部に設置された福島第一原発が深刻な原子力災害をもたらした。改めて「入浜権」の意義を見直す状況と機運が高まる中で40周年記念集会が開かれた。

立ち塞がる「国家主義的な公物観」

 基調講演は、環境法学の研究者の水野吉章・関西大准教授（民法）。「入浜権運動からの示唆」と題し、入浜権などの環境権を認めない政府や裁判所の意識の底にある「国家主義的な公物観」を問題視した。水野氏によると、入浜権は、浜への進入路を確保させるという「通行権」、浜（海）を汚すことを差し止める「環境権」からなる。ところが、「海浜という『公物』の価値は国家が決める」という固定観念が立ち塞がる。それは憲法にある「個人の尊重」とは程遠いが、政策でも裁判でも「反射的利益」「受忍限度」「経済との調和」といった理由で環境権は退けられてきた。一方、「民法上の権利」（民法709条）からは「環境共有」という考え方も導かれるが、それを民主的な「住民自治」に委ねることには落し穴がある。

「環境破壊はみんなで決めた」という多数派の意見に支配されやすいことである。水野氏は「環境権は『民主・自治』の外枠を設定するものであり、『環境正義』として理解されなければならない」と結論付けた。

心の拠り所の再建を優先する被災者たち

元牧師の高崎裕士氏、宮司の家に生まれた早川和男・居住福祉学会長、「環境宗教学」を研究する仏教文献学者の岡田真美子・兵庫県立大名誉教授(尼僧としての大切な儀式のために欠席。録画・録音による参加)による鼎談「宗教と環境」は、まさにその「環境正義」を宗教学や民俗学の立場から見出した場であった。

早川氏は、視察した中越地震(2004年10月)で被災した新潟県旧山古志村でも、福岡県西方沖地震(2005年3月)の玄海島でも、「鎮守(地元の神社)が復興しなければ村(島)には戻らない」という住民が多いことに気づいたという。岡田氏も、被災地のフィールドワークを通じ、住民たちが神社や墓の再建などを先行させていたことや、インド洋大津波(2004年)の被災地スリランカでも「仏塔を一番先に修復した」事実を検証し、「復興は心の建て直しが優先されるべきである。古くからの心の拠り所の立て直し、人的なネットワークを構築した上で、ハード面(住宅など)の復興にかかるべきだ」とした。

民俗学は法理論にも影響を及ぼす

早川氏は「鎮守を守ることは地域の精神文化を守ること。ところが、国家は、地域社会から土着性のあるもの、聖なるものを排除しようとしてきた」と、地域の神社を統合する政府の「神社合祀」の方針に激しく反対した民俗学者の南方熊楠にも言及した。高崎氏は「海辺は輪廻を通して命を育む共生の場所。宗教が民俗学を仲立ちとして法律学につながっている」と述べた。

会場からも「海辺は、広くて先が見えないその先に何があるのかという様々な想像をめぐらす場である。海辺という環境を失えば、自分でものを考える機会も奪われてしまう」(岡本祥浩・居住福祉学会副会長)、「民俗学は、人々の生活の中にある事実を主張するものであり、そうした事実は所有権や公物論といった既存の法理論にも影響を及ぼす」(元日弁連公害環境対策委員長の樋渡俊一弁護士)などの声が上がり、最後に、入浜権の意義を再確認する40周年記念集会の声明を発表した。

居住福祉の本棚

『居住福祉社会へ—「老い」から住まいを考える』

早川和男著、岩波書店、2014年、本体価格2400円

居住と人間存在の研究・実践を貫く豊かな人権思想
原発事故の非人間性を指摘し原発全面廃止を提言

島本慈子(ノンフィクションライター)

(『図書新聞』2014年12月13日)

　住宅研究の第一人者として知られる著者は、満州事変が起きた1931年の生まれ。以後、日中戦争〜アジア太平洋戦争と日本が戦争に明け暮れた時代に少年期を過ごし、戦後に京都大学建築学科へ進む。それは日本国憲法が公布されて数年という時期で、「基本的人権」「民主主義」という思想が燦然と輝いていた。そんな時代のさなか、若い著者は自らの仕事の目標を定める。それは「国民の住居を良くする」こと。それから60年あまり、一度もぶれることがなかった著者の研究と思索と実績が、この一冊には集約されている。

　人間存在の歴史とは居住の歴史と考える著者は、古今東西の書物を読み、人と住居の関係を考える。たとえば、孔子、孟子、後漢書など中国の古典は住居についてどう書いているか？　鴨長明、貝原益軒、石川啄木、南方熊楠などの日本人は、住居と住環境にどんな思いを寄せてきたか？　検討の対象は小説にも及び、ドストエフスキイ『罪と罰』の主人公で、金貸しの老女を殺害するラスコーリニコフは「物置」に近い部屋に住んでいたと指摘。「日本の現状は、無数の潜在的ラスコーリニコフをつくっているのではないか」と危惧する。

　それにしても、何という行動力だろう。

　著者は、日雇い労働者の街・大阪あいりん地区へ行き、元野宿者にインタビューする。群馬県にあるハンセン病患者の国立療養所を訪ね、視覚障碍を持つ方々の体験談に聞き入る。名古屋市では認知症の女性が集まるグループホームを訪れ、中国大連市の老人ホームを見学し、ニューヨークのハーレムでコミュ

ニティ再生運動の現状を聞く。さらに阪神・淡路大震災以後は、全国で自然災害が発生するたびに被災地へ出かけ、実態調査を行っている。

　その視線は現実を離れない。著者の視線は老齢・障碍・病気・貧困・災害などでハンディを背負った人たちの住まいの現実から離れない。その徹底した現場主義は、著者の学問は机上のものではなく、いまを生きる人々のためにあるということを示している。

　そしていまその視線は、日本が直面する厳しい現実―原発問題にも向かっている。

　日本と諸外国で積み重ねられてきた研究によれば、住居とその周辺の居住空間の喪失が人間の心身に与える影響は非常に大きく、さまざまな病気やうつ状態を引き起こす。だから、人を強制的に移住させることは避けねばならない。これは国連の人権委員会でも採用されている考え方で、いわば世界の常識。その「強制移住」を一挙に、巨大スケールで引き起こすのが原発事故である。

　著者は、いま多くの自治体が原発事故を前提に巨大な避難計画を検討しているのは「本末転倒」、「何百万人、場合によっては何千万人という高齢者、障碍者、乳幼児、児童、病人、そして一般市民を移転させて、人々から職場を奪い、郷里を喪失させて、国民をどうしようと言うのか」、「原発は全面廃止する以外に日本人が生き残れる道はない」と断言する。

　長く神戸大学で教鞭をとってきた著者によると、1995年の阪神・淡路大震災の前には「情報の黙殺」があったという。神戸で直下型地震が起きることは専門家の間では十分予測されていたし警告が繰り返されていたにもかかわらず、行政はそれらの指摘を軽んじて災害に脆弱な街づくりを進め、そのことが地震の被害を甚大なものにした。いままた原発を推進しようという動きがあるが、そこで「情報の黙殺」は起きていないだろうか。

　著者は述べる。「人は、だれひとりとして自分の意志で生まれてきたものはいない」、「気がつけば、人として生かされている自分を発見する。そうであればこそ、人としてふさわしく生きることは」万人の権利なのだと。そして21世紀の日本は、この国土のどこに住んでも安心して暮らせる「居住福祉社会」を目ざさねばならないと。戦後日本の始まりの時期に若い著者をとらえた「基本的人権」の思想は、全く色あせずにここにある。

『居住福祉社会へ』を読む

藤井清（『朝日新聞』輪島支局長）

　著者は人間の暮らしを支える「居住福祉資源」を求めて全国を旅してきた。とりわけ災害被災地などでは、どんな居住福祉資源が必要なのか浮き彫りになるという。

　団地の建て替えによる強制立ち退きや、老いてからの転居は心身に大きなダメージを与える。大規模災害では多くの老人が転居を余儀なくされる。

　中越地震で被災した新潟県山古志村の仮設住宅団地では集落単位にまとめることでコミュニティが再現した。岩手県大槌町では、仮設住宅住民の生きがいの場所として、農園を設け、人々の交流を育んだ。

　福岡県の玄海島は外部の人間による委員会をつくらなかった。区画整理事業を小規模住宅地区改良事業に変更して、住民の意見を島づくりに繁栄させた。10年たっても復興できなかった淡路島の例を反面教師にしたという。

　人間は、人と人とのつながりの中でしか生きられない動物なのであり、コミュニティづくりが暮らしの復興の肝であることがよく理解できる。会社が従業員に提供する「社宅」の危険性は、失職と同時に住まいを失うことにあるが、それだけではなく、生活のコミュニティが会社のなかに囲い込まれるという面も大きいのだろう。

　トイレについての指摘も新鮮だった。清潔な洋式トイレがある避難所では、健康を損なう人が極端に少なかった。巣鴨のとげぬき地蔵の成功の原因のひとつには、客が使えるトイレをたくさん用意したことにあった。実は一般家庭でもトイレは二つか三つあったほうがよいという。

　この本の登場人物は、健康面から複数トイレを主張しているが、それだけでなく「逃げ場」「隠れ場」としての意味もあるような気がした。

　「逃げ場」と同様に、一見むだに見えるけれども大事なのが「道草」だ。観光都市は「大人が道草をする場所」と著者はいう。なぜ道草は大事なのか。「子どもに道草を禁ずることは、そぞろ歩きの楽しみを奪っている」という一節を読んで、

そぞろ歩きの楽しみを奪うとは、人生の楽しみを奪うことなのだ、と思った。

　競争に追い立てられ、小学校は中学への、中学は高校への、高校は大学への、大学は企業へのステップにすぎなくなっている。企業を退職すると自分という個人は何も残らない。定年後の濡れ落ち葉現象は、それまでの人生を通じての道草のなさが遠因となっている。ある意味、道草にこそ人生の本質があるともいえる。道草をしやすいまちもまた居住福祉資源なのだ。

　居住福祉というのは、単に福祉や医療の基盤になるだけではない、人間の存在の根底を下支えするものなのだということが読み進めるうちに理解できるようになってきた。

　戦後の日本は、安価で快適な住居というストックがしっかりつくられていないために、所得などのフローの要因が沈むとたちまち貧困に陥る「脆弱国家」になってしまったという。逆に、江戸時代以来変わらない暮らしを続ける農村の老人が、月3万円の年金でも生きられるのはストックとしての家と、生産の場としての畑があるからだ。

　居住者が居住政策の策定に参加することで、「住む主体」による「住む能力」を発展させる必要があるという。著者はそれを「居住民主主義」と呼ぶ。それに加えて、「消費者」になりがちな私たち一人ひとりが(農村の老人のような)生産者としての要素をもつこと、生産を基盤にした居住民主主義が大切なのではなかろうか。

　終戦後の農村の生活綴り方運動や生活改善運動、あるいは最近はやりの「半農半Ｘ」などと居住福祉との関係も考えたらおもしろいかもしれない。

書評『居住福祉社会へ』

谷内香子（家教連家庭科研究編集者）
（NPO法人家庭科教育研究連盟『家庭科研究』(2015-2、No.323)から転載）

　読み出したら面白くて通勤電車や待ち時間に一気に読み終えてしまうほどでした。人としてふさわしく（幸せに）住んで生きるとはどういうことなのか、随筆、論文、歴史的著名人の言葉、教育論など多岐にわたって分かりやすく書かれてありとても親しみやすい文章です。

　鴨長明の『方丈記』には住まいの話題が多いといいます。そこからの引用文、早川和男さんの人と住まい論、石川啄木の詩「家」、貝原益軒の住まい論、中国の孔子の住居理念などが本書の序章に登場し、そこからすでに読者は引き込まれてしまいます。

　原発事故で住み慣れた土地からの強制移住による心身への影響は深刻で、巨大なスケールで「根こそぎ長期強制集団移住」を引き起こしました。ふるさとを捨てざるをえない人々の心身・生活への影響は「人間が生きることの否定」とでもいうべき深刻さをもたらすであろう、と説明します。原発立地の各自治体が「原発事故」を前提に膨大な数の住民にふるさとを捨てさせ、見知らぬ土地へ移住させる巨大な「避難計画」を検討しているのは、本末転倒というべきであり、マスメディアもこのことに疑問を呈さないでいると指摘します。関西広域連合は、福井県の原子力施設災害を想定した福井・京都・滋賀の52万人のうち25万人の「避難ガイドライン」をまとめました。他でも避難計画の報道は拡大する一方といいます。職を奪い、郷里を喪失させ、これ以上国民をどうしようというのか、原発は全面廃止する以外に日本人が生き残れる道はない、と力説します。そして、国民自身が電力を大量消費しない生活様式への転換、蓋をした中小河川を元の水辺に戻すこと、近郊農地復活、公共交通を増やして車の制限、大都市集中の高層建築をやめること、風力・水力・火力・太陽ネルギーなどの活用の必要性を訴えます。「原発問題」は、居住権を守る要であると。

　「老い」と住まい、「居住福祉社会」をめざして、「住教育改革・発展の必要性」など、学校現場でも役に立ちそうな内容です。

居住福祉の本棚

『保健師―地域の健康をつむぐそのはたらきと能力形成』
高尾茂子著、ふくろう出版、2015年、本体価格1400円

三村浩史（京都大学名誉教授）

著者・高尾茂子は、今春、吉備国際大学保健医療福祉学の看護学に就任した。本書はそこでの講義テキストとして編成されたと思われるが、現代を考える教養書としてお薦めしたい1冊である。内容は、第1章　保健師のはたらき―地域の活動体験に学ぶ、第2章　国民の健康をまもる保健衛生の思想と制度、第3章　保健活動の広がりと持続的な職能発達、で構成されている。

本書をもっとも特色づけているのは、保健師というはたらき手の実践に根差す考察である。著者は、岡山県内の自治体保健婦として30年間の勤務をへてから、関西福祉大学(赤穂市)大学院へ社会人入学した。自らの体験とともに地域で活動する同僚たち、ベテラン・中堅・若手12名の語り部の参加を得、さまざまな実践をとおして得られた貴重な体験とそこからうまれる保健師の仕事観を抽出していった。

まず現地訪問による暮らしの把握、SOSを出せない人への積極的関与、地域における課題共有化、関係機関やNPOなどとの連携などポリシーあるコーディネーターの自覚が取り上げられた。2章では通史に触れて、自分たちの立論の位置づけをこころみている。

3章は保健師が、新しい時代の創造的なリーダー、コーディネーターであるための職能像をイメージさせる。

なお居住福祉について正面から論じていないが、読者はこの本の随所にヒントを見出すだろう。戦後、医療の福祉は厚生省、住宅建設は建設省と分割されたせいか、日本の公衆衛生、保健や福祉の教育でも、住まいや人間的居住への関心はまだまだ稀薄である。どのように教育プログラムを充実するか、私たち学会も提案する時である。

なお、保健専門学校生がレポートとして先駆的架け橋としてまとめた成果『ケースブック　日本の居住貧困』(藤原書店、2011年、本体2200円)が参考になる。

『居住福祉研究』編集規程

2008 年 5 月 24 日
改正　2009 年 5 月 9 日

第 1 条　本規程は、居住福祉学会の学会誌『居住福祉研究』(以下、本誌と略す)の編集、刊行に関する事項を定めるものとする。

第 2 条　本誌は、主として本会会員による居住福祉研究の成果発表にあてる。

第 3 条　本誌は、年 2 回、刊行する。

第 4 条　本誌の編集、および刊行のために編集委員会を設置する。
　(1) 編集委員会は、編集委員 15 名程度(内、編集幹事若干名)によって構成する。
　(2) 編集委員は、理事会において、理事の中から選任される。
　(3) 編集委員の任期は 2 年とし、再任を妨げない。

第 5 条　編集上の重要な事項は、理事会と協力の上で決定する。

第 6 条　本誌は、以下の論文等を掲載する。
　(1) 論文
　(2) 居住福祉評論
　(3) 学会関係諸行事等の記録
　(4) その他、編集委員会が必要と認めたもの

第 7 条　第 6 条 (1) の論文は、下記によって構成する。①②については、レフェリーによる査読の結果に基づき編集委員会が修正の指示および採否の決定を行う。レフェリーは、編集委員会が選定する。
　① 学会大会発表のうち編集委員会が依頼したもの
　② 自由投稿論文(未発表のものに限る)
　③ 編集委員会からの依頼によるもの

附則 (1) 本規程は、2009 年 5 月 9 日から施行する。
　(2) 本規程に関わる投稿規程、執筆要項等は、編集委員会が別途定め、理事会の承認を得るものとする。
　(3) 本規程の変更は、日本居住福祉学会総会の議を経ることを要する。

『居住福祉研究』投稿規程

2008年5月24日

1. 本誌の自由投稿論文及び居住福祉評論は、日本居住福祉学会会員による居住福祉に関わる研究論文及び評論(日本語)とする。共同執筆の場合は、代表者が本学会の会員であることを要する。なお、本学会の会員とは、日本居住福祉学会規約第5条の要件を充足したものとする。
2. 自由投稿論文・評論ともに、他に未発表のものに限る。内容が重複・類似した、既発表または他誌に投稿中の場合、投稿者は必ず当該論文等のコピーを3部添付することとする。編集委員会で協議し受理の諾否を決定する。
3. 投稿者は、別途定める執筆要項(形式、字数など)に従い、ワープロで、オリジナル原稿1部とそのコピー3部の計4部を作成する。原稿には下記を記入する。

    なお、コピーには、執筆者名、およびその所属は記入しない。

    執筆者名、所属、職名(含む、大学院生)、連絡先(住所、電話番号、ファックス番号、メールアドレス)、論文の和文題目
4. 投稿者は、原稿およびその内容を格納した電子媒体を、編集委員会事務局宛に送付する。提出するファイルは、ワードないしは一太郎、エクセルによるものとし、その他の場合は、テキストファイルに変換したものとする。事務局に直接持参して提出することは認めない。
5. 自由投稿論文の修正の指示、ならびに掲載の可否は選定されたレフェリーの査読結果に基づき、編集委員会が決定する。
6. 査読終了後、掲載が決定した場合、投稿者は、必要な修正を行った上で、完成稿1部、その内容を格納した同上電子媒体を提出する。
7. 著者校正は初校のみとする。
8. 投稿原稿は、掲載の可否にかかわらず、返却しない。

『居住福祉研究』執筆要領

2008 年 5 月 24 日
改正　2012 年 4 月 18 日

1. 論文は、10,000 字以内、評論は 6,000 字以内(いずれも図表、注・参考文献込み)とする。図表は、例えば、1/4 ページの場合 400 字、1/2 ページの場合、800 字として換算する。
2. 原稿は、ワープロ作成によるものを原則として(A4 判、横書き)、1 ページ全角 35 字× 30 行で印字する(空白部分は、上記分量に含まない)。ただし、英数字は原則として半角とする。論文タイトルには英文を入れる。
3. 文体等は、次の通りとする。
    (1)「である調」の文体。
    (2) 現代仮名遣い、常用漢字を使用し、句読点は「、」と「。」を採用する。
    (3) 文中の敬称は一切、省略する。
    (4) 送り仮名、漢字等の統一は、ワープロ・ソフトの校正ツールにより、執筆者が行う。
4. 図表には、通し番号(図1、図2、... 表1、表2、...)でタイトルをつける。その場合、1図、1表ごとに別紙(別ファイル)に作成し、本文中に挿入箇所を指定する。図表が出版物からの引用の場合は、出典を明記し、必要に応じて、著作権者の許可を得なくてはならない。
5. 注は、本文中の該当箇所に、右肩上付きで、1)、2)、3)、... と順に示し、注自体は本文の後に一括して記載する。
6. 参考文献は、注の後に一括して記載する(著者名のアルファベット順)。書籍は、著者名・編者名、発行年(西暦)、書名、出版地(和書の場合は省略)、出版社の順に、論文は、著者名、発行年、論文名、掲載誌名、巻、号(または、編者名、収録書名、出版社)、該当ページの順に記載する。欧文の書名、掲載誌名は、イタリック体(ないしは、アンダーラインを引く)とする。なお、WEB からの引用の際には URL とともに引用日を掲載する。なお、注、参考文献は、上記1の分量に含まれる。文献リストの例は、以下の通りである。
    早川和男(1997)『居住福祉』岩波書店.

    Clapham. D. (2005) *The Meaning of Housing*, The Policy Press.

日本居住福祉学会刊行物一覧

『居住福祉研究』　第1号、4号頒価2000円。第2、3、5号頒価2500円
　　　　　　　　　購入希望者は、学会事務局まで申し込んでください。
　6号以降は市販しておりますので、書店または東信堂に注文してください。

『居住福祉ブックレット』(東信堂、各巻本体700円、19巻本体800円)

1. 居住福祉資源発見の旅　　　(早川和男)
2. どこへ行く住宅政策　　　　(本間義人)
3. 漢字の語源にみる居住福祉の思想　　　　　　　　　　(李桓)
4. 日本の居住政策と障害をもつ人　　　　　　　　　　(大本圭野)
5. 障害者・高齢者と麦の郷のこころ　　(伊藤静美・田中秀樹・加藤直人)
6. 地場工務店とともに　　(山本里見)
7. 子どもの道くさ　　　　(水月昭道)
8. 居住福祉法学の構想　　(吉田邦彦)
9. 奈良町の暮らしと福祉　(黒田睦子)
10. 精神科医がめざす近隣力再建　　　　　　　　　　(中澤正夫)
11. 住むことは生きること　(片山善博)
12. 最下流ホームレス村から日本をみれば　　　　　　　(ありむら潜)
13. 世界の借家人運動　　　(髙島一夫)
14. 「居住福祉学」の理論的構築　　　　　　　(柳中権・張秀萍)
15. 居住福祉資源発見の旅Ⅱ　(早川和男)
16. 居住福祉の世界 早川対談集(早川和男)
17. 岩手県西和賀町のまちづくり　　　　　　(高橋典成・金持伸子)
18. 「居住福祉資源」の経済学　(神野武美)
19. 長生きマンション・長生き団地　　　　　　(千代崎一夫・山下千佳)
20. 高齢社会の住まいづくり・まちづくり　　　　　　　　　　(蔵田力)
21. シックハウス病への挑戦　　　　　　(後藤三郎・迎田允武)
22. 韓国・居住貧困とのたたかい：居住福祉の実践を歩く　(全泓奎)
23. 精神障碍者の居住福祉　(正光会編)

『居住福祉叢書』(東信堂)

1. 居住福祉産業への挑戦(鈴木静雄・神野武美編)　本体1400円
2. 命・暮らし・地域をつなぐ―高齢者総合福祉施設きらくえんの軌跡
　　　　　　　　　　　　　　　　　(市川禮子・神野武美著、近刊)

『居住福祉研究叢書』　第1巻　居住福祉学の構築、第2巻　ホームレス・強制立退きと居住福祉、第3巻　中山間地の居住福祉、第4巻　国際比較：住宅基本法・アメリカ・フランス・韓国・日本、第5巻　災害復興と居住福祉
　　　　　　　　　　　　　　　　　　　　　信山社、各本体3200円

2014年度　日本居住福祉学会運営体制（以下、敬称略）

会長・理事（1名）：早川 和男

副会長・理事（3名）：大本 圭野（編集委員長）、野口 定久（日本福祉大学教授）
　　岡本 祥浩（学術委員長・中京大学教授）

事務局長・理事（1名）：全 泓奎（大阪市立大学教授）

事務局次長（4名）
関西担当（会計兼務）：野村 恭代（大阪市立大学准教授）
東海担当（HP管理兼務）：水野 有香（名古屋経済大学准教授）
関東担当：小板橋 恵美子（淑徳大学准教授）
東北担当（会員管理兼務）：黒木宏一（新潟工科大学准教授）

東北支部長・理事：新井伸幸（東北工業大学准教授）
関東支部長・理事：鈴木静雄（リブラン会長）
東海支部長・理事：内山治夫（東京福祉大学教授）
関西支部長・理事：石川久仁子（大阪人間科学大学准教授）
九州支部長・理事：水月昭道（筑紫女学園）
居住福祉賞選考委員会委員長・理事：齋藤正樹（ウトロを守る会）
居住福祉賞選考委員・理事：黒田睦子（(社)奈良まちづくりセンター）

NL編集委員長・叢書編集主幹・理事：神野武美（ジャーナリスト）

編集委員・学術委員・理事：大原一興（横浜国立大学教授）

事業担当：小林真（特定非営利活動法人大東ネットワーク事業団代表理事）

理事：山口幸夫（(社)伝統芸能継承発展協会副理事長）
理事：閻　和平（大阪商業大学教授）
理事：市川禮子（社会福祉法人きらくえん理事長）
理事：井上英夫（金沢大学名誉教授）
理事：熊野勝之（熊野勝之法律事務所弁護士）
理事：武川正吾（東京大学教授）
理事：吉田邦彦（北海道大学教授）

監事・理事：中山徹（大阪府立大学教授）
監事・理事：水内俊雄（大阪市立大学教授）

（以上、29名）

『居住福祉研究』編集委員（○印編集委員長）

○大本圭野(前東京経済大学教授)　　　全　泓奎(大阪市立大学准教授)
　内山治夫(東京福祉大学教授)　　　早川和男(神戸大学名誉教授)
　岡本祥浩(中京大学教授)　　　　　穂坂光彦(日本福祉大学教授)
　大原一與(横浜国立大学教授)　　　水月昭道(筑紫女学園)
　神野武美(ジャーナリスト)

編集後記

　今号は、17号に引き続いて「強制移住・強制立ち退き」Ⅱを特集しました。3・11の大震災から4年が経過しますが、原発事故の被災で仮設生活が将来の見通しの立たないままいまだ続いています。他方、阪神・淡路大地震による被災者が住む復興公営住宅は、借り上げ期間20年が過ぎ「明け渡し」が求められています。規則とはいえ居住者に当初から知らされず20年も生活しそれなりにコミュニティも形成してきた住まいから出て行かなければならないという理不尽さ、「強制移住」になるが「継続居住の権利」=「住み続ける権利」=「占有権」はないのか、今後とも学会として真剣に検討する必要があります。その他に公共住宅、民間借家における組織の廃止、建て替えによって移住せざるを得ない状況、一時的移住はやむを得ないとしても戻り入居が問題となります。これら多彩な角度からタイムリーな問題提起ができたと自負しておりますが、読者の皆様、如何でしょうか。
　　　　　　　　　　　　　　　　　　　　　　　　　　　　　（大本圭野）

ご原稿は下記編集部アドレスにメールでお送り下さい。
k-ohmto@blu.m-net.ne.jp

居住福祉研究19　強制移住・強制立ち退きⅡ
2015年5月1日初版第1刷発行

◇編集　日本居住福祉学会編集委員会
◇発行　株式会社　東信堂

日本居住福祉学会事務局
〒558-8585 大阪市住吉区杉本3-3-138
大阪市立大学大学院生活科学研究科野村恭代研究室
TEL06-6605-2913　TEL06-6605-3086
e-mail nomura@life.osaka-cu.ac.jp

株式会社　東信堂
〒113-0023 文京区向丘1-20-6
TEL 03-3818-5521 FAX 03-3818-5514
e-mail tk203444@fsinet.or.jp
URL http://www.toshindo-pub.com/

ISBN 978-4-7989-1298-1　C3036

東信堂

【居住福祉ブックレット】

居住福祉資源発見の旅…新しい福祉空間、懐かしい癒しの場	早川和男	七〇〇円
どこへ行く住宅政策…進む市場化、なくなる居住のセーフティネット	本間義人	七〇〇円
漢字の語源にみる居住福祉の思想	李桓	七〇〇円
日本の居住政策と障害をもつ人	大本圭野	七〇〇円
障害者・高齢者と麦の郷のこころ…住民、そして地域とともに	伊藤静美	七〇〇円
地場工務店とともに…健康住宅普及への途	加藤直人	七〇〇円
子どもの道くさ	水月昭道	七〇〇円
居住福祉法学の構想	吉田邦彦	七〇〇円
奈良町の暮らしと福祉…市民主体のまちづくり	黒田睦子	七〇〇円
精神科医がめざす近隣力再建	中澤正夫	七〇〇円
「進む「砂漠化」、はびこる「付き合い拒否」症候群	片山善博	七〇〇円
住むことは生きること…鳥取県西部地震と住宅再建支援	ありむら潜	七〇〇円
最下流ホームレス村から日本を見れば	髙島一夫	七〇〇円
世界の借家人運動…あなたは住まいのセーフティネットを信じられますか？	柳中権/張秀萍	七〇〇円
「居住福祉学」の理論的構築	早川和男	七〇〇円
居住福祉資源発見の旅II…地域の福祉力・教育力・防災力	早川和男対談集	七〇〇円
居住福祉の世界…早川和男対談集	高橋典成	七〇〇円
医療・福祉の沢内と地域演劇の湯田…岩手県西和賀町のまちづくり	金持伸子	七〇〇円
「居住福祉資源」の経済学	神野武美	七〇〇円
長生きマンション・長生き団地	千代崎一夫/山下千佳	八〇〇円
高齢社会の住まいづくり・まちづくり	蔵田力	七〇〇円
シックハウス病への挑戦…予防・治療・撲滅のために	後藤允	七〇〇円
韓国・居住貧困とのたたかい…居住福祉の実践を歩く	全泓奎	七〇〇円
精神障碍者の居住福祉…宇和島における実践（二〇〇六~二〇一二）	正光会編 財団法人	七〇〇円

〒113-0023　東京都文京区向丘 1-20-6
TEL 03-3818-5521　FAX 03-3818-5514　振替 00110-6-37828
Email tk203444@fsinet.or.jp　URL:http://www.toshindo-pub.com/

※定価：表示価格（本体）＋税